# CURSO COMPLETO DE TEORIA MUSICAL E SOLFEJO

ELABORADO POR
**BELMIRA CARDOSO**
e
**MÁRIO MASCARENHAS**

1º **VOLUME**

ILUSTRAÇÃO DE BUTH

APROVADO NOS ESTABELECIMENTOS
DE MÚSICA DO PAÍS

Nº Cat.: 286-M

Irmãos Vitale Editores Ltda.
vitale.com.br
Rua Raposo Tavares, 85  São Paulo  SP
CEP: 04704-110  editora@vitale.com.br  Tel.: 11 5081-9499

© Copyright 1973 by Irmãos Vitale Editores Ltda. - São Paulo - Rio de Janeiro - Brasil.
Todos os direitos autorais reservados para todos os países. *All rights reserved.*

**Dados Internacionais de Catalogação na Publicação (CIP)**
**(Câmara Brasileira do Livro,SP,Brasil)**

Cardoso, Belmira
  Curso completo de teoria musical e solfejo, 1° volume / elaborado por Belmira Cardoso e Mário Mascarenhas - São Paulo: Irmãos Vitale.

  1. Música - Estudo e ensino  2. Música - Teoria  3. Solfejo  I. Mascarenhas, Mário  II. Título.

ISBN nº 85-85188-17-0
ISBN nº 978-85-85188-17-7

96-3330                                                                         CDD - 780.7

**Indices para catálogo sistemático:**

1. Música : Estudo e ensino      780.7

# ÍNDICE

## CURSO BÁSICO

| | Pág. |
|---|---|
| Notação Musical — Pauta | 9 |
| Clave de Sol | 10 |
| Figuras de Notas | 12 |
| Figuras de Pausas | 14 |
| Clave de Fá, 4ª linha | 17 |
| Duração dos Valores | 18 |
| Compasso | 19 |
| Compasso Binário $\frac{2}{4}$ | 20 |
| Ponto de Aumento | 25 |
| Compasso Ternário $\frac{3}{4}$ | 26 |
| Escala Diatônica de Dó Maior | 30 |
| Graus Conjuntos e Disjuntos | 30 |
| Tom e Semitom | 30 |
| Nomes dos Graus da Escala | 31 |
| Ligadura, Legato e Staccato | 35 |
| Ponto de Aumento Duplo | 36 |
| Compasso Quaternário $\frac{4}{4}$, 4 ou C | 36 |

## CURSO COMPLETO

| | |
|---|---|
| Linhas Suplementares | 40 |
| Espécies de Claves | 45 |
| Divisão Proporcional dos Valores | 50 |
| Colocação das Hastes | 54 |
| Figuras Antigas | 55 |
| Divisão Ternário dos Valores Pontuados | 59 |
| Divisão Binária dos Valores Pontuados | 63 |
| Signos de Compasso | 67 |
| Numerador e Denominador | 67 |
| Unidade de Tempo e de Compasso | 70 |
| Acento Métrico | 70 |
| Compasso Simples | 71 |
| Compassos mais usados | 76 |

|  | Pág. |
|---|---|
| Sinais de Alteração | 80 |
| Fermata ou Suspensão | 82 |
| Intervalo — Intervalo Simples | 85 |
| Intervalos Superiores e Inferiores | 85 |
| Classificação dos Intervalos Simples | 89 |
| Graus onde se encontram os Intervalos Simples | 95 |
| Semitons Cromáticos e Diatônicos | 102 |
| Inversão dos Intervalos | 110 |
| Modificação dos Intervalos Naturais | 116 |
| Modos da Escala | 125 |
| Escalas Menores — Harmônicas e Melódicas | 126 |
| Tetracorde | 131 |
| Reprodução das Escalas Maiores com Sustenidos | 132 |
| Armadura de Clave com Sustenidos | 134 |
| Reprodução das Escalas Maiores com Bemois | 137 |
| Armadura de Clave com Bemois | 139 |
| Escalas Relativas | 143 |
| Escalas Homônimas | 152 |
| Graus Modais e Tonais | 153 |
| Como conhecer o tom de um trecho musical | 159 |
| Linha de 8ª | 167 |
| Sinais de Repetição | 168 |
| Intervalos Simples e Compostos | 174 |
| Intervalos Melódicos e Harmônicos | 176 |
| Intervalos Consonantes e Dissonantes | 176 |
| Intervalos Diatônicos e Cromáticos | 177 |
| Hino a S. João Baptista (Ut Queant Laxis) | 185 |

NOTA: — O complemento da matéria do "Curso Completo de Teoria Musical e Solfejo" encontra-se no 2.º volume desta obra.

## AGRADECIMENTO

Os autores agradecem a cooperação da Prof.ª Cleofe Person de Mattos, Titular da Escola de Música da Universidade Federal do Rio de Janeiro, Membro da Academia de Música (Cadeira Padre José Maurício Nunes Garcia), e Diretora Artística da Associação de Canto Coral, por haver selecionado e realizado o baixo cifrado do hino de Padre José Maurício, incluído nesta obra.

## HOMENAGEM

Às ilustres Professoras do Conservatório Brasileiro de Música, Sofia Vieira de Freitas e Gilda Barbastefano Lauria, homenageamos com esta singela obra, pelo grande incentivo que têm dado ao ensino de Teoria Musical e Solfejo em nossa Pátria.

Homenageamos também com este livro, o ilustre professor e amigo Roberval Falleiros, grande mestre e difusor da música em São Paulo.

Os Autores

# PREFÁCIO

*Há, nos dias de hoje, uma certa resistência por parte dos estudantes de música ao estudo do Solfejo. Não percebem eles, contudo, que só conseguirão ser bons músicos se souberem bem solfejar. O Solfejo é a base da cultura musical.*

*Eis a razão por que a maioria dos alunos não são felizes nos exames de Solfejo, embora possam brilhar em Teoria Musical.*

*Pensam os autores que o estudo separado das duas disciplinas é a causa principal do pouco interesse dos estudantes pelo Solfejo e, conseqüentemente, das dificuldades que encontram nos exames.*

*Daí a idéia de reunir as duas matérias em uma só obra, obrigando os alunos, sem o perceberem, à aprendizagem simultânea da Teoria Musical e do Solfejo.*

*A par desse entrosamento didático, as lições são transmitidas em linguagem singela, de modo a facilitar a compreensão sob todos os aspectos.*

*Estamos certos de que esta obra será bem recebida pelos nossos caros colegas, que sempre se aprimoraram nos seus ensinamentos, bem como pelos talentosos estudantes, futuros músicos do Brasil.*

BELMIRA CARDOSO
E
MÁRIO MASCARENHAS

# HINO À SÃO JOÃO BATISTA

Consta que foi Guido D'Arezzo, célebre músico do século XI, quem deu nomes aos sons musicais aproveitando a primeira sílaba de cada verso do seguinte hino a São João Batista.

UT-RÉ-MI-FÁ-SOL-LÁ-SI

*Ut queant laxis*
*Resonare fibris*
*Mira gestorum*
*Famuli tuorum*
*Solve polluti*
*Labii reatum*
*Sancte Ioannes...*

*TRADUÇÃO — Purificai bem-aventurado João, os nossos lábios polutos, para podermos cantar dignamente as maravilhas que o Senhor realizou em Ti. Dos altos céus vem um mensageiro a anunciar a teu Pai, que serias um varão insigne e a glória que terias.*

Como a sílaba Ut era difícil de ser cantada, foi substituida por Dó. O Si foi formado da primeira letra de Sancte e da primeira de Ioannes.

Um coral de meninos daquela época costumava, antes de suas exibições em público, cantar este hino, pedindo com fé a São João Batista que protegesse suas cordas vocais.

# INTRODUÇÃO

MÚSICA — é a arte de combinar os sons.

Os elementos fundamentais da Música são:
Melodia, Harmonia e Ritmo

MELODIA — combinação dos sons sucessivos.

HARMONIA — combinação dos sons simultâneos.

RITMO — movimento ordenado dos sons no tempo.

*Observação:*

A enumeração acima se refere a uma definição clássica; entretanto, hoje em dia, com os efeitos modernos de sons e inovações do ritmo e da harmonia, novos elementos têm sido acrescentados.

# CURSO BÁSICO

Antes de iniciar o «Curso Completo de Teoria Musical e Solfejo», foram idealizadas 8 lições para um pequeno Curso Básico.

## 1.ª LIÇÃO

| PLANO DE AULA | APROVEITAMENTO |
|---|---|
| 1º) Notação Musical. Sons Musicais .............. | Teoria _____ |
| 2º) Pauta ....................................... | Deveres _____ |
| 3º) Clave de Sol ................................ | Entoação _____ |
| 4º) Notas da Escala de Dó Maior ................. | _____ |
| 5º) Entoação .................................... | _____ |

NOTAÇÃO MUSICAL — são os sinais que representam a escrita musical, tais como: Pauta, Claves, Notas, etc.

SONS MUSICAIS — os sons musicais são 7: DÓ — RÉ — MI — FÁ — SOL — LÁ — SI, que representam as notas.

PAUTA — são 5 linhas paralelas e horizontais, formando 4 espaços, onde se escrevem as notas.

A pauta chama-se também Pentagrama.

Estas linhas e espaços contam-se de baixo para cima.

```
5ª linha _____
            4º espaço
4ª   ,,   _____
            3º    ,,
3ª   ,,   _____
            2º    ,,
2ª   ,,   _____
            1º    ,,
1ª   ,,   _____
```

As notas são escritas nas linhas e nos espaços.

Notas nas linhas              Notas nos espaços

## LINHAS SUPLEMENTARES

Quando as notas ultrapassam o limite da Pauta, usam-se Linhas Suplementares Superiores e Inferiores.

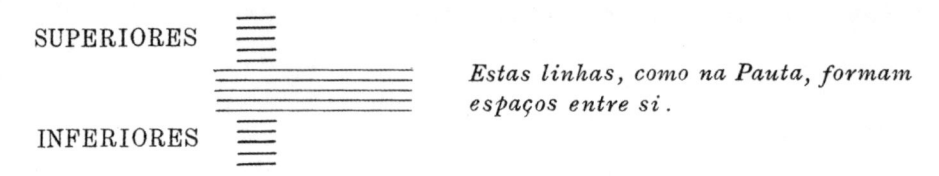

SUPERIORES

INFERIORES

*Estas linhas, como na Pauta, formam espaços entre si.*

CLAVE — é um sinal que se coloca no princípio da pauta para dar nome às notas.

Há 3 espécies de Clave: Clave de Sol, Clave de Fá e Clave de Dó. Estudaremos primeiramente a Clave de Sol.

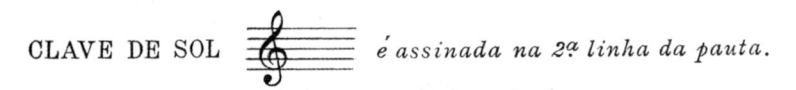

CLAVE DE SOL  *é assinada na 2ª linha da pauta.*

A nota da 2ª linha da pauta no exemplo abaixo chama-se Sol, porque está colocada onde a Clave de Sol foi assinada.

Sol

Notas acima da 2ª linha.

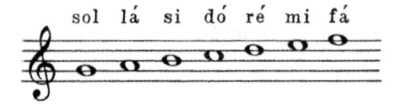

sol lá si dó ré mi fá

Notas abaixo da 2ª linha.

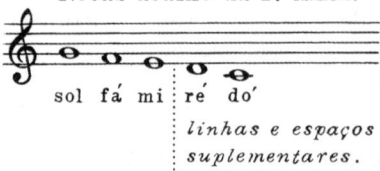

sol fá mi ré dó'
*linhas e espaços suplementares.*

NOTAS DA ESCALA DE DÓ MAIOR — seguindo a ordem natural das notas musicais: DÓ — RÉ — MI — FÁ — SOL — LÁ — SI, teremos a Escala de Dó Maior, com a repetição do Dó.

dó ré mi fá sol lá si dó

O 1º Dó está colocado na 1ª linha suplementar inferior e o Ré no 1º espaço inferior.

## QUESTIONÁRIO

1º) Que é Notação Musical?
2º) Quais os nomes dos sons musicais?
3º) Que é Pauta?
4º) Onde se assina a Clave de Sol?
5º) Como se contam as linhas e os espaços da pauta?
6º) Qual o nome da nota escrita na 1ª linha suplementar inferior?
7º) Qual o nome da nota no 3º espaço da pauta?
8º) Qual o nome da nota na 3ª linha da pauta?

## DEVERES

a) Colocar os nomes das notas abaixo:

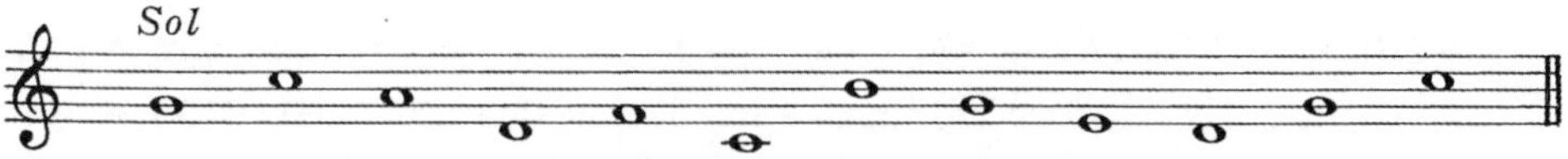

b) Desenhar diversas Claves de Sol na pauta abaixo:

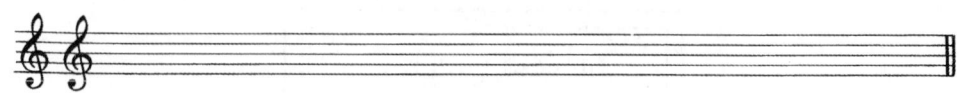

## ENTOAÇÃO

Para que o estudante tenha noção da entoação dos 7 sons musicais, o professor deve entoar primeiramente a Escala de Dó maior, acompanhado pela classe.

Para perfeita afinação, o professor deverá usar o diapasão, o piano ou outro instrumento bem afinado e mesmo a voz.

Pode-se exercitar os alunos empregando a tão conhecida «Escada dos Sons».

Entoação das Notas: Dó — Ré — Mi — Fá — Sol

Escada dos Sons

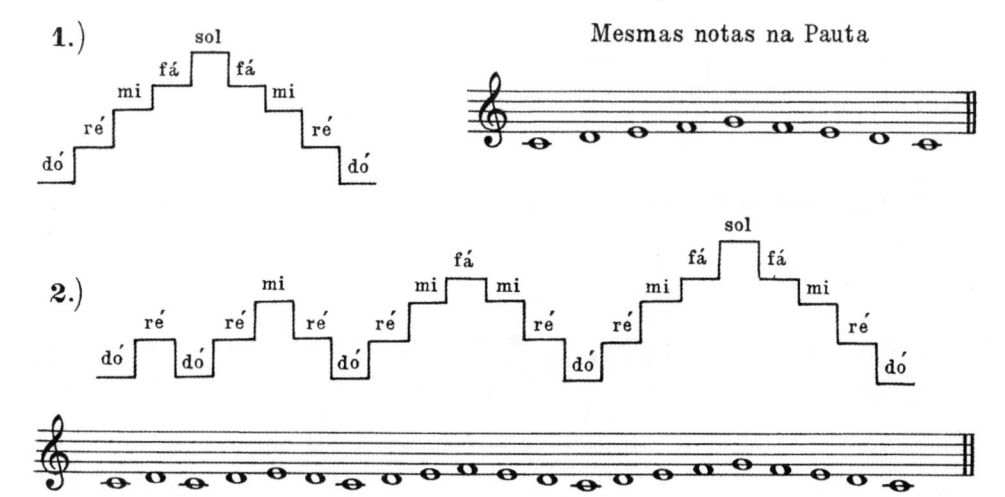

# 2.ª LIÇÃO

| PLANO DE AULA | APROVEITAMENTO |
|---|---|
| 1º) Figuras de Notas .............................. <br> 2º) Solfejo sem Ritmo ............................. | Teoria_____ <br> Deveres_____ <br> Solfejo_____ |

FIGURAS DE NOTAS — são sinais que indicam a duração dos sons. AS FIGURAS DE NOTAS chamam-se também VALORES POSITIVOS e, conforme a sua duração, recebem formas e nomes diferentes.

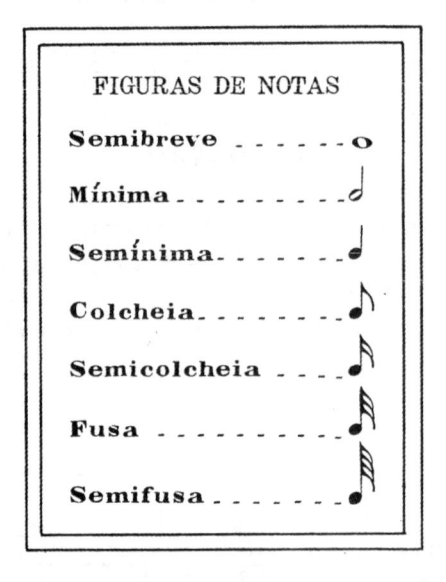

```
FIGURAS DE NOTAS
Semibreve ....... o
Mínima ......... 𝅗𝅥
Semínima ....... ♩
Colcheia ....... ♪
Semicolcheia ... 𝅘𝅥𝅯
Fusa ........... 𝅘𝅥𝅰
Semifusa ....... 𝅘𝅥𝅱
```

As Figuras de Notas podem se compor de: cabeça, haste e colchete.

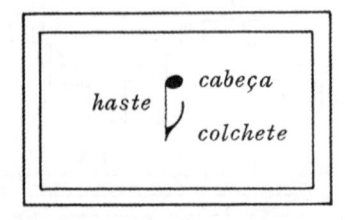

```
        ● cabeça
haste ╱
        ╲ colchete
```

## QUESTIONÁRIO

1º) Que são Figuras de Notas?
2º) Qual o outro nome das Figuras de Notas?
3º) Diga os nomes das Figuras de Notas pela ordem apresentada.
4º) De quantas partes pode-se compor uma Figura?
5º) A Semifusa quantos colchetes tem? E a colcheia?

## DEVERES

a) Desenhar todas as Figuras conforme o quadro demonstrativo e colocar seus nomes.

Semibreve

b) Colocar os nomes das seguintes Figuras.

c) Colocar os nomes das notas abaixo.

## AULA PRÁTICA

d) O Professor dirá os nomes de diversas notas, na Clave de Sol, para o aluno as colocar na pauta.

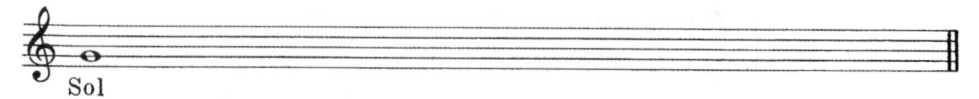

Sol

## TESTE DE OUVIDO

e) O Professor tocará as duas melodias abaixo e depois executará uma delas para que o aluno a reconheça.

1ª Melodia

2ª Melodia

## SOLFEJO SEM RITMO

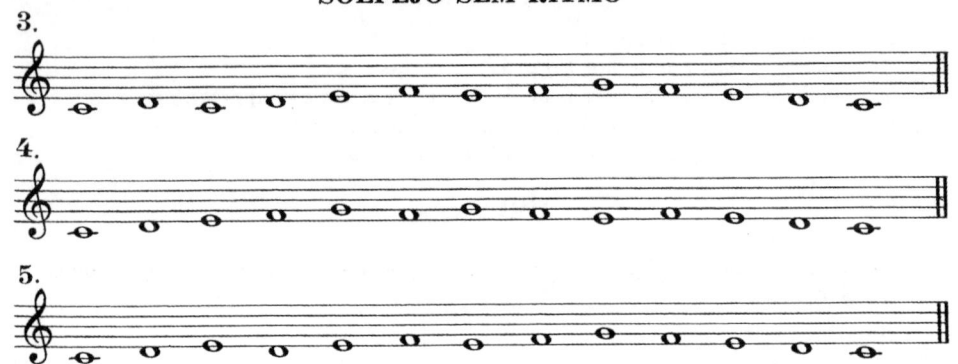

3.

4.

5.

## 3.ª LIÇÃO

| PLANO DE AULA | APROVEITAMENTO |
|---|---|
| 1º) Figuras de Pausas .................... | Teoria_____ |
| 2º) Entoação das Notas da Escala de Dó Maior .. | Deveres_____ |
| 3º) Solfejo sem Ritmo .................... | Solfejo e Ditado_____ |

FIGURAS DE PAUSAS — são sinais que indicam a duração de silêncio. As FIGURAS DE PAUSAS chamam-se também VALORES NEGATIVOS e, conforme a sua duração, recebem formas e nomes diferentes. Os nomes das Figuras de Pausas são os mesmos das Figuras de Notas.

```
FIGURAS DE PAUSAS

Pausa da Semibreve _ _
Pausa da Mínima _ _ _ _
   ”    ”  Semínima _ _   ou
   ”    ”  Colcheia _ _ _ _
   ”    ”  Semicolcheia _
   ”    ”  Fusa _ _ _ _ _ _
   ”    ”  Semifusa _ _ _ _
```

A pausa da Semibreve está colocada abaixo da 4ª linha e a da Mínima acima da 3ª linha.

Notas da Escala de Dó Maior em 2 Oitavas

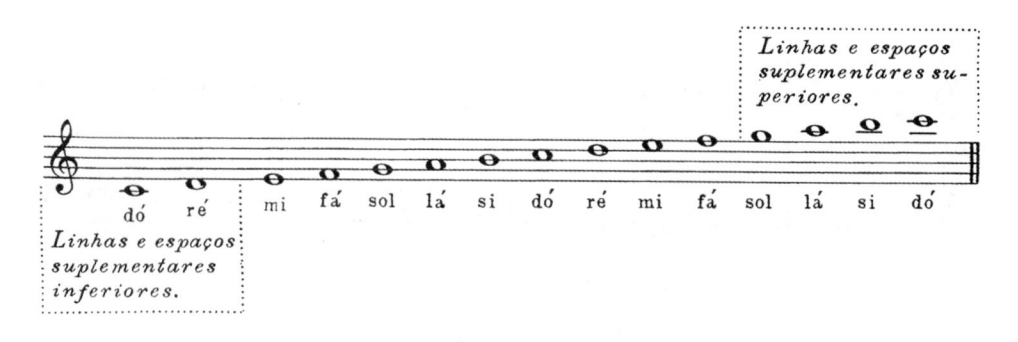

*Linhas e espaços suplementares superiores.*

dó ré mi fá sol lá si dó ré mi fá sol lá si dó

*Linhas e espaços suplementares inferiores.*

## QUESTIONÁRIO

1º) Que são Figuras de Pausas?
2º) Qual o outro nome de Figuras de Pausas?
3º) Diga os nomes das Figuras de Pausas pela ordem apresentada.
4º) Onde é colocada a pausa da Semibreve?
5º) E a da Mínima?

## DEVERES

*a)* Colocar os nomes das notas abaixo.

*b)* Colocar os nomes das seguintes Figuras de Pausas.

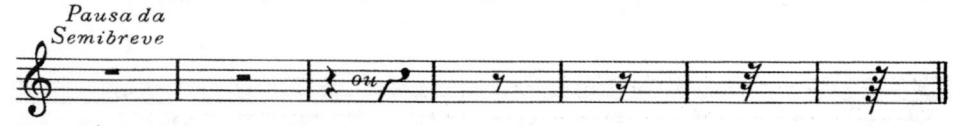

Pausa da Semibreve

*c)* Colocar todas as Figuras de Pausas e seus nomes.

## SOLFEJO SEM RITMO

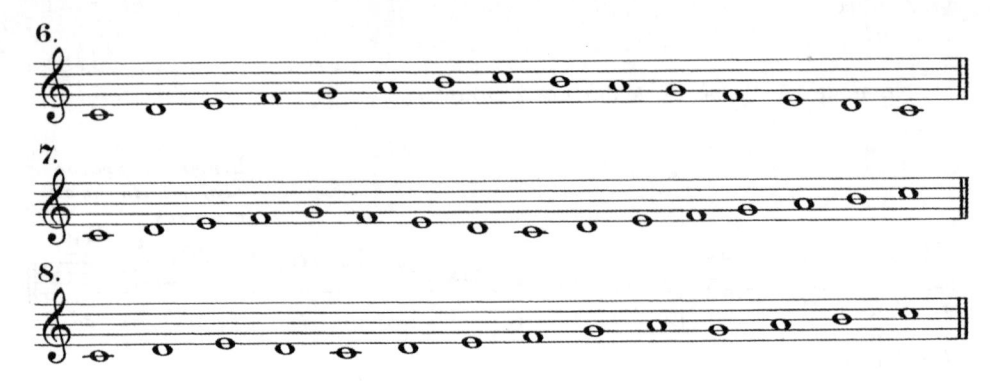

## NOÇÕES SOBRE DITADO
### (SEM RITMO)

1º) O Professor tocará a Escala de Dó Maior, para que o aluno perceba a altura dos sons e se integre na tonalidade.

2º) Os primeiros Ditados devem ser em pequenos trechos e sem preocupação rítmica.

3º) As notas dos pequenos trechos devem ser repetidas várias vezes com regularidade e clareza.

## DITADO EM PEQUENOS TRECHOS

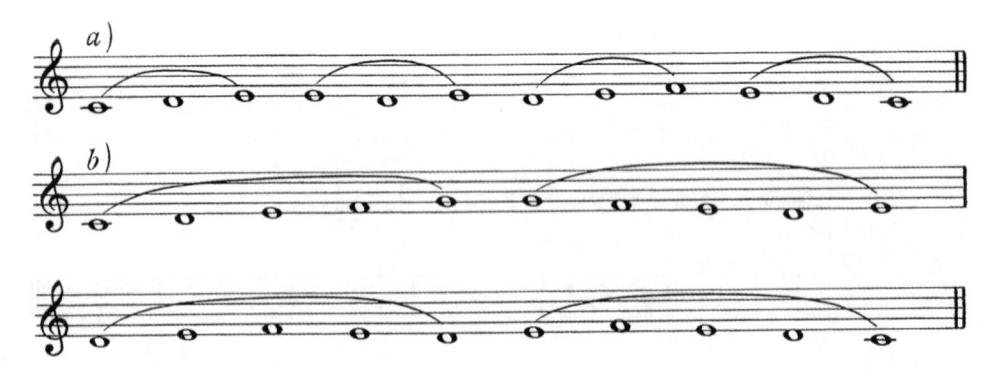

O Professor improvisará outros ditados em graus conjuntos, conforme o modelo acima.

# 4.ª LIÇÃO

| PLANO DE AULA | APROVEITAMENTO |
|---|---|
| 1º) Clave de Fá, 4ª linha .................... | Teoria _____ |
| 2º) Notas na Clave de Fá .................. | Deveres _____ |
| 3º) Solfejo sem ritmo ...................... | Solfejo _____ |
|  | Ditado _____ |

CLAVE DE FÁ — A Clave de Fá se assina na 3ª e 4ª linha. Trataremos primeiramente da Clave de Fá na 4ª linha.

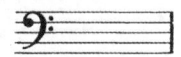

A nota na 4ª linha da pauta, no exemplo abaixo, chama-se Fá, porque está colocada onde a Clave de Fá foi assinada.

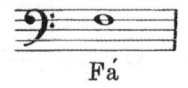

Fá

Notas acima da 4ª linha

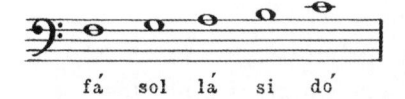

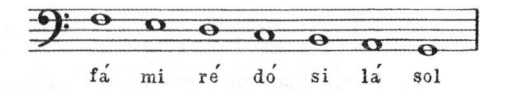

fá  sol  lá  si  dó

Notas abaixo da 4ª linha

fá  mi  ré  dó  si  lá  sol

## QUESTIONÁRIO

1º) Qual o nome da nota que está na 4ª linha da Clave de Fá?
2º) Qual o nome da nota que está na 2ª linha?
3º) E a do 3º espaço?
4º) E a que está na 1ª linha suplementar superior?
5º) Que nota está na 3ª linha da Pauta?

## DEVERES

a) Colocar os nomes das notas abaixo.

sol

b) Desenhar diversas Claves de Fá, 4ª linha conforme exemplo abaixo.

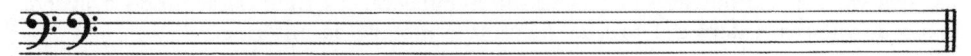

## AULA PRÁTICA

O Professor dirá os nomes de diversas notas na Clave de Fá, para o aluno as colocar na pauta.

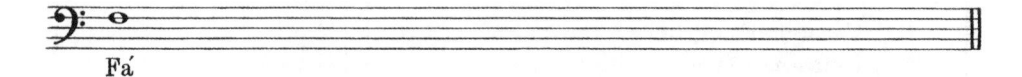

Fá

## SOLFEJO SEM RITMO

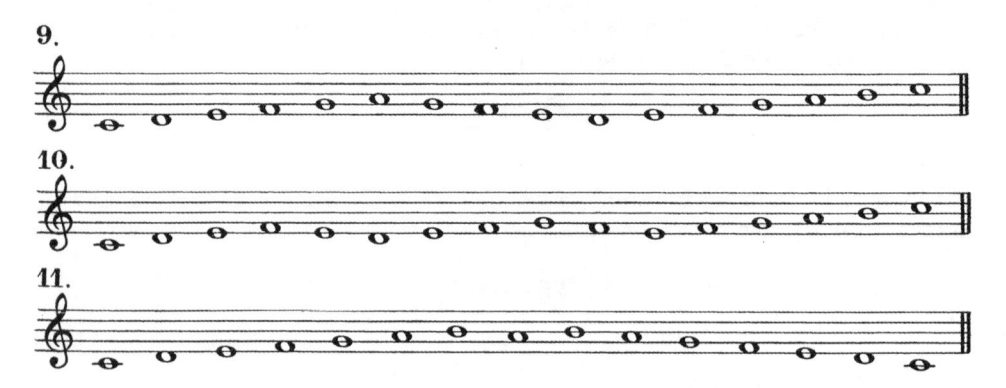

9.

10.

11.

## DITADO

Ditado em pequenas frases melódicas, sem ritmo, em graus conjuntos.

# 5.ª LIÇÃO

| PLANO DE AULA | APROVEITAMENTO |
|---|---|
| 1º) Duração dos Valores ..................... | Teoria_____ |
| 2º) Compasso ............................... | Deveres_____ |
| 3º) Compasso Binário $\frac{2}{4}$ .................. | L. Métrica_____ |
| 4º) Leitura Métrica e Solfejo ............... | Solfejo e Ditado_____ |

## DURAÇÃO DOS VALORES

A **Semibreve** é considerada como a unidade ou o inteiro, na divisão proporcional dos valores. As outras são frações da **Semibreve**. As figuras, segundo a ordem dos seus valores, valem o dobro da seguinte e metade da anterior.

A Semibreve 𝅝    A Mínima 𝅗𝅥    A Semínima 𝅘𝅥
vale              vale            vale
2 Mínimas 𝅗𝅥 𝅗𝅥   2 Semínimas 𝅘𝅥 𝅘𝅥  2 Colcheias 𝅘𝅥𝅮 𝅘𝅥𝅮
ou               ou              ou
4 Semínimas 𝅘𝅥𝅘𝅥𝅘𝅥𝅘𝅥  4 Colcheias 𝅘𝅥𝅮𝅘𝅥𝅮𝅘𝅥𝅮𝅘𝅥𝅮  4 Semicolcheias 𝅘𝅥𝅯𝅘𝅥𝅯𝅘𝅥𝅯𝅘𝅥𝅯

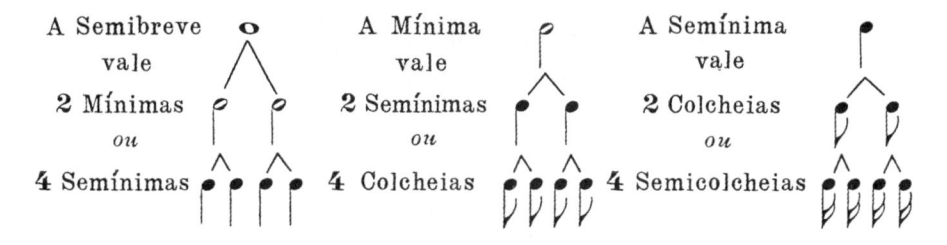

As outras figuras de notas têm estas mesmas subdivisões.

Os Valores Negativos, ou Pausas, também valem o dobro da seguinte e metade da anterior.

A pausa da Semibreve

vale

2 pausas da Mínima

ou

4 pausas da Semínima

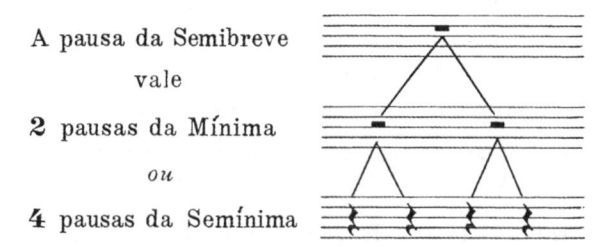

COMPASSO — é uma das partes em que está dividido um trecho musical.

TEMPOS — são as partes ou movimentos em que está dividido cada compasso. Os tempos podem ter acentuações fortes e fracas.

BARRAS OU TRAVESSÕES — são linhas verticais que separam os compassos.

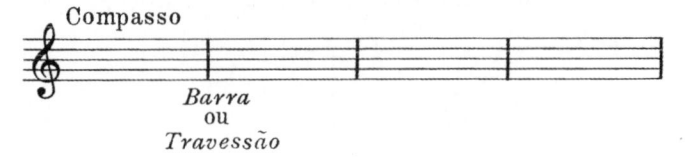

Compasso

*Barra*
ou
*Travessão*

TRAVESSÃO DUPLO — são duas linhas verticais que separam um trecho musical do outro.

O Travessão Duplo chama-se também Pausa Final, quando colocado na terminação definitiva de uma peça.

*Travessão*         *Pausa*
*duplo*             *Final*

## ESPÉCIES DE COMPASSOS

Os compassos, de acordo com a quantidade de tempos, têm as seguintes espécies:

Compasso Binário, de 2 tempos
Compasso Ternário, de 3 tempos
Compasso Quaternário, de 4 tempos.

## COMPASSO BINÁRIO $\frac{2}{4}$

O Compasso Binário $\frac{2}{4}$ é de 2 tempos. A fração $\frac{2}{4}$ se coloca no começo da música, logo após a clave, cujo sinal se chama Signo de Compasso.

O **Numerador** 2 da fração representa a quantidade de tempos para cada compasso.

O **Denominador** 4 representa a qualidade da figura para cada tempo.

Numerador $\overline{2}$ = Quantidade: 2 tempos.

Denominador $\overline{4}$ = Qualidade: uma semínima para cada tempo.

A semínima é a quarta parte da semibreve, portanto, no compasso $\frac{2}{4}$ a semínima vale 1 tempo.

Os tempos podem ter acentuações fortes e fracas. No Compasso Binário, o 1º tempo é forte e o 2º é fraco: F forte e f fraco.

### COMO MARCAR O COMPASSO BINÁRIO

Geralmente marcam-se os tempos dos compassos com movimentos da mão.

## QUESTIONÁRIO

1º) Na divisão proporcional dos valores, o que representa a semibreve?
2º) A semibreve quantas mínimas vale?
3º) Qual a figura que vale 4 semínimas?
4º) A semínima quantas colcheias vale?
5º) Que é Compasso?
6º) Que são Barras ou Travessões?
7º) Que são Tempos?
8º) Quantas espécies de Compasso existem?
9º) Quantos Tempos tem o Compasso Binário?
10º) Qual o valor da Semínima no Compasso $\frac{2}{4}$ ?

## DEVERES

*a*) Colocar na pauta de baixo o valor correspondente aos da pauta de cima.

*b*) Separar os Compassos por barras, completando dois tempos. Assinalar os 1º e 2º tempos.

## EXERCÍCIOS RÍTMICOS

Os Exercícios Rítmicos são trabalhados sem entoar e pronunciar os nomes das notas, empregando apenas uma sílaba para representá-las.

Escolhemos para estes exercícios a sílaba TA. A duração desta sílaba é de acordo com o valor rítmico apresentado.

12.

| TA —— A | TA —— A | | |
| 1º  2º | 1º  2º | | |

13.

| TA  TA | TA  TA | | |
| 1º  2º | 1º  2º | | |

14.

TA —— A   TA  TA

15.

TA  TA   TA —— A

## LEITURA MÉTRICA

A Leitura Métrica prepara o aluno para uma boa leitura e conhecimento rítmico. Neste estudo também não há entoação, somente se pronuncia os nomes das notas e marca-se o ritmo exato.

### LEITURA MÉTRICA NA CLAVE DE SOL

16.

Do ó So ol
1 —— 2  1 —— 2

17.

1  2  1  2

18.

19.

20.

21.

22.

## SOLFEJO

O Solfejo prepara o aluno para perfeita entoação dos sons, leitura das notas, duração dos valores, dando-lhe, assim, rigoroso senso de Ritmo e Som.

## SOLFEJOS NA CLAVE DE SOL

COMPASSO BINÁRIO $\frac{2}{4}$, EM GRAUS CONJUNTOS

## ORIENTAÇÕES SOBRE O DITADO

1º) O aluno colocará primeiramente a clave e o signo do compasso.
2º) O Professor tocará a escala, que neste caso será de Dó Maior, para que o aluno perceba a altura dos sons e se integre na tonalidade.
3º) O Ditado deve ser tocado ou entoado várias vezes com regularidade e clareza.

## DITADO COM RITMO

Há dois processos de fazer o Ditado:
1º) Compasso por compasso.
2º) Por pequenas frases ou membros de frases.

## 1º PROCESSO
(DITADO COM O COMPASSO $\frac{2}{4}$ )

*a*) Entoam-se ou tocam-se as notas do 1º Compasso e mais a 1ª nota do compasso seguinte, que ficará separada pela Barra.

*b*) Repete-se o Ditado com ritmo para colocação dos valores e marcação dos tempos.

*c*) Repete-se a 1ª nota do 2º Compasso e faz-se o Ditado até a 1ª nota do compasso seguinte.

*d*) Repetem-se as notas do 2º Compasso para colocação dos valores e marcação dos tempos.

E assim por diante, até a terminação do Ditado.

## 2º PROCESSO

### POR PEQUENAS FRASES OU MEMBROS DE FRASES

(DITADO EM 4 FRASES)

(PARA ALUNOS MAIS ADIANTADOS)

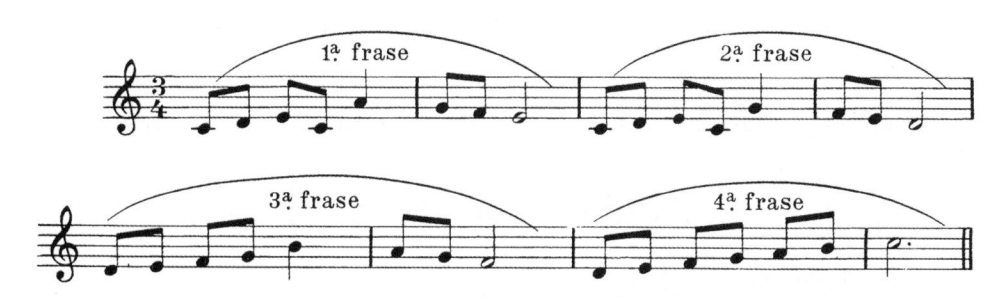

Ditar frase por frase.

Convém notar que neste ditado as frases já abrangem 2 compassos. Em outros casos as frases podem abranger mais de 2 compassos.

# 6.ª LIÇÃO

| PLANO DE AULA | APROVEITAMENTO |
|---|---|
| 1º) Ponto de Aumento ........................ | Teoria_____ |
| 2º) Compasso Ternário $\frac{3}{4}$ . ............... | Deveres_____ |
| 3º) Leitura Métrica .......................... | L. Métrica_____ |
| 4º) Solfejo e Ditado .......................... | Solfejo e Ditado_____ |

### PONTO DE AUMENTO

PONTO DE AUMENTO — é um ponto que, colocado ao lado direito de uma nota ou pausa, aumenta metade do seu valor.

## VALORES DAS FIGURAS PONTUADAS

A Semibreve pontuada vale 3 Mínimas: 𝅝· = 𝅗𝅥 𝅗𝅥 𝅗𝅥

A Mínima pontuada vale 3 Semínimas: 𝅗𝅥· = ♩ ♩ ♩

A Semínima pontuada vale 3 Colcheias: ♩· = ♪ ♪ ♪

As outras figuras de notas pontuadas têm as mesmas divisões, assim como também as pausas.

## COMPASSO TERNÁRIO $\frac{3}{4}$

O Compasso Ternário $\frac{3}{4}$ é de 3 tempos.

O 3, que é o numerador da fração, representa a quantidade de tempos, e o 4, denominador, a qualidade da figura para cada tempo que, neste caso, é a semínima.

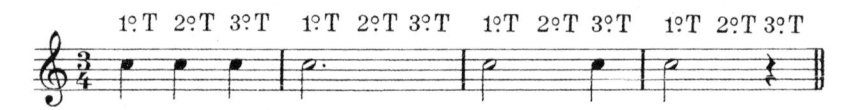

No Compasso Ternário, o 1º tempo é forte e o 2º e 3º fracos.

## COMO MARCAR O COMPASSO TERNÁRIO

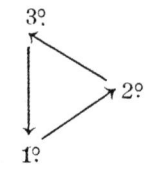

## QUESTIONÁRIO

1º) Que é Ponto de Aumento?
2º) Uma Semibreve pontuada quantas Mínimas vale?
3º) Uma Semínima pontuada quantas Colcheias vale?
4º) E a Mínima pontuada quantas Semínimas vale?
5º) Quantos tempos tem o Compasso Ternário?
6º) No Compaso $\frac{3}{4}$ , o que representa o número 3?
7º) E o número 4?
8º) Qual o valor da Mínima no Compasso $\frac{3}{4}$ ? E da Semínima?
9º) A Mínima pontuada quantos tempos vale no compasso $\frac{3}{4}$ ?
10º) Qual o tempo forte no Compasso Ternário?

## DEVERES

*a)* Colocar na pauta de baixo os valores correspondentes aos da pauta de cima.

*b)* Separar os compassos por barras e marcar, por meio de marcos, as notas que caírem nos tempos.

## EXERCÍCIOS RÍTMICOS

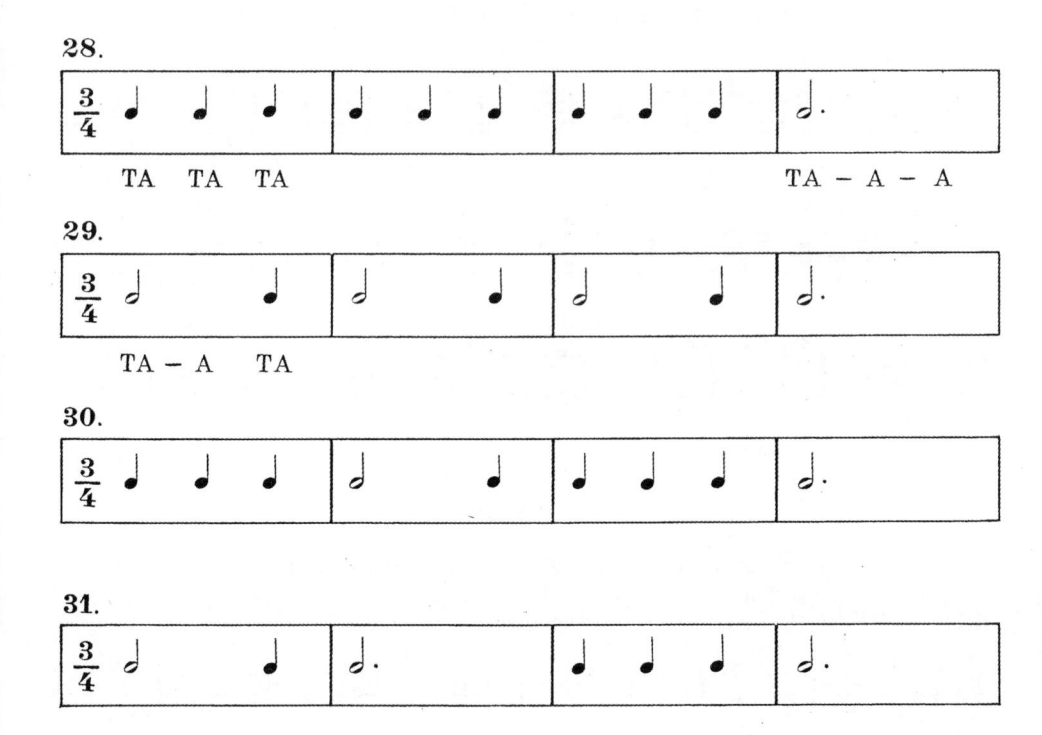

**28.**

TA   TA   TA                                             TA – A – A

**29.**

TA – A   TA

**30.**

**31.**

## LEITURA MÉTRICA NA CLAVE DE SOL

### GRAUS CONJUNTOS E DISJUNTOS

## LEITURA MÉTRICA NA CLAVE DE FÁ, 4ª LINHA

## SOLFEJOS

### COMPASSO TERNÁRIO 3/4, EM GRAUS CONJUNTOS

39.

40.

### SOLFEJO DA ESCALA DE DÓ MAIOR E ARPEJO

41.

### DITADO

Ditados nos compassos $\frac{2}{4}$ e $\frac{3}{4}$, até a figura da semínima.

# 7.ª LIÇÃO

| PLANO DE AULA | APROVEITAMENTO |
|---|---|
| 1º) Escala Diatônica de Dó Maior ............. | Teoria_____ |
| 2º) Nomes dos Graus da Escala .............. | Deveres_____ |
| 3º) Graus Conjuntos e Disjuntos .............. | L. Métrica_____ |
| 4º) Tons e Semitons ......................... | Solfejo_____ |
| 5º) Leitura Métrica e Solfejo ................ | Ditado_____ |

## ESCALA DIATÔNICA

ESCALA DIATÔNICA — é uma série de 8 sons dispostos em graus conjuntos, na sua ordem natural, guardando as posições de tons e semitons.

### ESCALA DIATÔNICA DE DÓ

SÉRIE DE SEUS 8 SONS

### GRAUS

Chamam-se Graus as notas que formam a escala, e são numerados por algarismos romanos.

I   II   III   IV   V   VI   VII   VIII   VII   VI   V   IV   III   II   I
                                    (I)

Os graus podem ser Conjuntos e Disjuntos.

GRAUS CONJUNTOS — dá-se o nome de Graus Conjuntos, quando são vizinhos, isto é, imediatos.

G. C.    G. C.    G. C.    G. C.

GRAUS DISJUNTOS — são os que têm um ou mais graus intermediários.

G. D.    G. D.    G. D.    G. D.

### TOM E SEMITOM

SEMITOM OU MEIO TOM — é a menor «distância» entre duas notas.

*semitom*    *semitom*

TOM — é o intervalo entre duas notas constituído por dois semitons.

*TOM*   *TOM*   *TOM*   *TOM*   *TOM*

A Escala Diatônica é formada por 5 tons e 2 semitons. Os semitons se encontram do III para o IV grau e do VII para o VIII grau. Os outros graus são separados por tons.

T T S T T T S

## NOMES DOS GRAUS DA ESCALA

A Escala Diatônica é formada por 8 graus, tendo cada um sua função especial. O VIII grau é a repetição do I.

Os graus da escala têm os seguintes nomes:

I Grau - Tônica
II Grau - Supertônica
III Grau - Mediante
IV Grau - Subdominante
V Grau - Dominante
VI Grau - Superdominante
VII Grau - Sensível

Alguns autores denominam o II grau de Sobretônica e o VI de Sobredominante.

## EXTENSÃO DA ESCALA

A escala pode estender-se repetindo seus sons na ordem natural, em diversas oitavas, ascendentes e descendentes.

**Ascendentes** — quando os sons partem do grave para o agudo; e **Descendentes**, em ordem inversa.

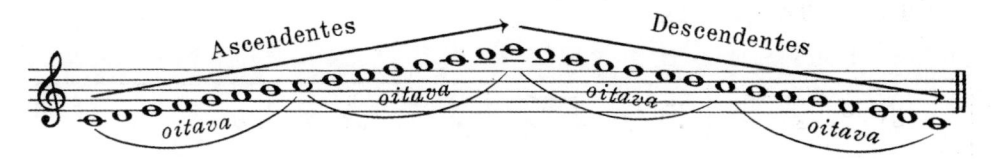

Ascendentes   Descendentes
oitava   oitava   oitava   oitava

## QUESTIONÁRIO

1º) Como é formada a Escala Diatônica?
2º) Que são Graus Conjuntos?
3º) Que são Graus Disjuntos?
4º) Que é Semitom?
5º) Que é Tom?
6º) Quais os nomes dos graus da escala?

## DEVERES

a) Indicar os graus conjuntos e disjuntos.

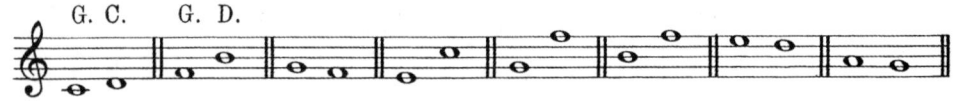

b) Indicar os tons e semitons da Escala de Dó.

c) Escrever os nomes dos seguintes graus: I, V, VII, IV e VI.

## EXERCÍCIOS RÍTMICOS

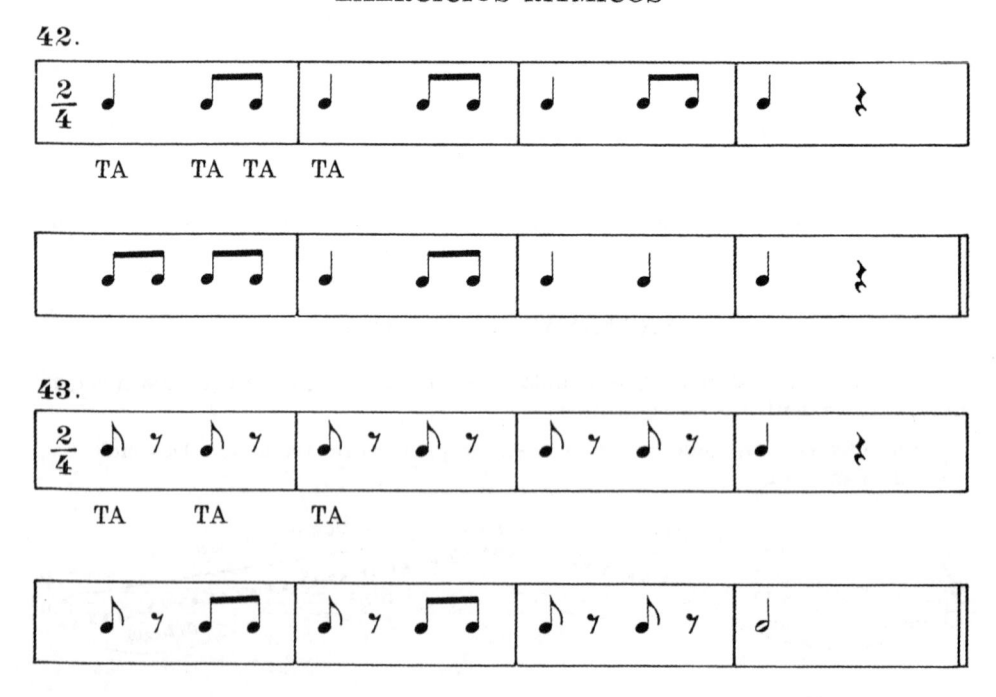

42.

# LEITURA MÉTRICA NA CLAVE DE FÁ, 4ª LINHA
### (ATÉ À COLCHEIA)

44.

45.

46.

## SOLFEJOS
### (ATÉ À COLCHEIA)

47.

48.

49.

50.

51.

## DITADO

Os Ditados poderão ser feitos, também, até a figura da colcheia.

# 8.ª LIÇÃO

| PLANO DE AULA | APROVEITAMENTO |
|---|---|
| 1º) Ligadura, Legato e Staccato ............ | Teoria_____ |
| 2º) Ponto de Aumento Duplo ............... | Deveres_____ |
| 3º) Compasso $\frac{4}{4}$, 4 ou **C** .................... | L. Métrica_____ |
| 4º) Leitura Métrica e Solfejo ............ | Solfejo e Ditado ____ |

## LIGADURA

LIGADURA — é uma linha curva que se coloca sobre ou sob duas ou mais notas da mesma altura, indicando que somente a primeira é articulada.

## LEGATO

LEGATO — é representado por uma linha curva que se coloca abaixo ou acima de várias notas, indicando que todo o trecho onde estiver a Ligadura, deverá ser executado ligado, sem interrupção dos sons. É indicado também pela palavra Legato.

## STACCATO

STACCATO — é representado por um ponto sobre ou sob uma ou mais notas indicando que os sons são articulados e secos.

## PONTO DE AUMENTO DUPLO

Pode-se colocar também 2 pontos ao lado direito de uma nota ou pausa, sendo que o segundo aumenta metade do primeiro.

Quando colocados 3 pontos, o 3º aumenta metade do 2º.

## COMPASSO QUATERNÁRIO $\frac{4}{4}$, 4 OU C

O Compasso Quaternário é de 4 tempos. É representado pela fração $\frac{4}{4}$, 4 ou C.

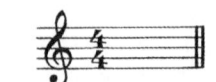

O Numerador 4 = Quantidade: 4 tempos.

O Denominador 4 = Qualidade: uma semínima para cada tempo.

No Compasso $\frac{4}{4}$ o 1º tempo é forte, o 2º fraco, o 3º meio forte e o 4º fraco.

### COMO MARCAR O COMPASSO QUATERNÁRIO

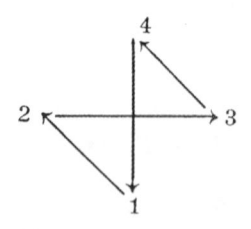

RECAPITULAÇÃO DOS VALORES DAS FIGURAS NO COMPASSO $\frac{4}{4}$

Semibreve o — vale 4 tempos

Mínima — vale 2 tempos

Semínima — vale 1 tempo

Colcheia — vale ½ tempo

## QUESTIONÁRIO

1º) Que é Ligadura?
2º) O que é Legato e Staccato?
3º) Qual o efeito do 2º ponto de aumento? E do 3º?
4º) Quantos tempos tem o Compasso Quaternário?
5º) No Compasso $\frac{4}{4}$, o que representa o numerador 4?
6º) O que representa o denominador 4 no Compasso Quaternário?
7º) Qual o valor da semibreve no Compasso $\frac{4}{4}$?
8º) Qual o tempo forte no Compasso Quaternário?
9º) Qual o valor da mínima nos Compassos $\frac{4}{4}$, $\frac{3}{4}$ e $\frac{2}{4}$?
10º) E o valor da Semínima e da Colcheia nestes Compassos?

## DEVERES

*a)* Substituir os pontos por figuras correspondentes.

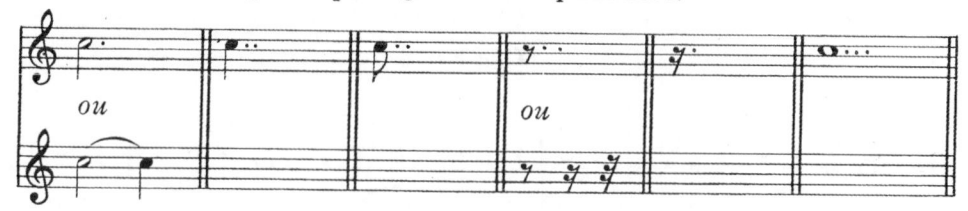

*b)* Separar os compassos por barras e marcar os tempos abaixo das respetivas notas.

### LEITURA MÉTRICA NA CLAVE DE FÁ, 4ª LINHA

52.

53.

**SOLFEJOS**

58. *Anacruse*

59. *Legato*

ANACRUSE — é uma nota ou grupo de notas que antecedem o 1º tempo do 1º compasso de uma peça musical.

## DITADO

Os ditados poderão ser feitos até a figura da colcheia, com ligadura.

# CURSO COMPLETO DE TEORIA MUSICAL E SOLFEJO

Com os conhecimentos adquiridos no Curso Básico, teremos agora a recapitulação das aulas dadas e mais a matéria do Curso Completo de Teoria Musical e Solfejo.

## 9.ª LIÇÃO

| PLANO DE AULA | APROVEITAMENTO |
|---|---|
| 1º) Linhas Suplementares .................... | Teoria _____ |
| 2º) Leitura Métrica ......................... | Deveres _____ |
| 3º) Solfejo . . ............................. | L. Métrica _____ |
| 4º) Ditado . . .............................. | Solfejo e Ditado _____ |

## LINHAS SUPLEMENTARES

LINHAS SUPLEMENTARES — são linhas abaixo ou acima da pauta, para colocar as notas que ultrapassam o seu limite. Estas linhas como na pauta, formam espaços entre si.

LINHAS E ESPAÇOS SUPLEMENTARES SUPERIORES — colocam-se acima da pauta e contam-se de baixo para cima.

LINHAS E ESPAÇOS SUPLEMENTARES INFERIORES — colocam-se abaixo da pauta e contam-se de cima para baixo.

Podemos dizer, também, que as Linhas Suplementares, tanto Superiores como Inferiores, contam-se a partir da pauta.

O número de Linhas Suplementares não é limitado, porém, geralmente usam-se até 5.

## NOTAS NAS LINHAS E ESPAÇOS SUPLEMENTARES NA CLAVE DE SOL

**Superiores**

sol  lá  si  dó  ré  mi

**Inferiores**

ré  dó  si  lá  sol  fá

## NOTAS NAS LINHAS E ESPAÇOS SUPLEMENTARES NA CLAVE DE FÁ, 4ª LINHA

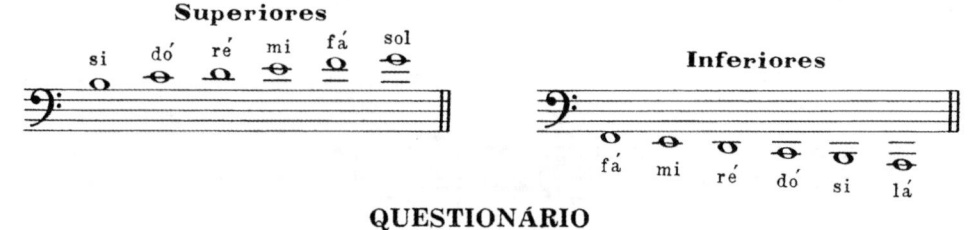

**Superiores**

si  dó  ré  mi  fá  sol

**Inferiores**

fá  mi  ré  dó  si  lá

## QUESTIONÁRIO

1º) Que são linhas suplementares?
2º) Como se contam as linhas e espaços superiores?
3º) E as linhas e espaços inferiores?
4º) É limitado o número de linhas suplementares?
5º) Qual o nome da nota na 3ª linha suplementar superior, da Clave de Sol?
6º) Qual o nome da nota no 2º espaço suplementar inferior, da Clave de Fá?

## DEVERES

*a)* Colocar o nome das notas da Clave de Sol nas pautas abaixo.

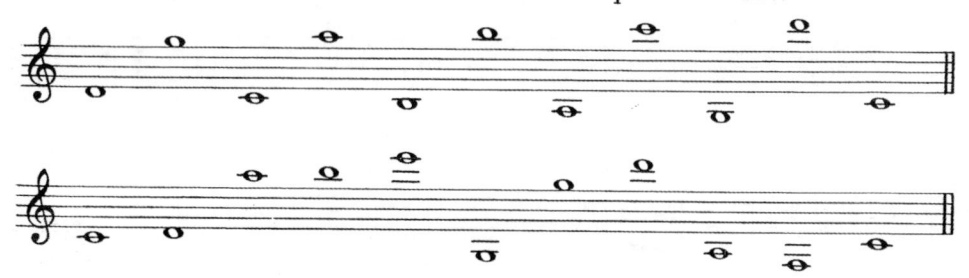

*b)* Colocar o nome das notas da Clave de FÁ, (4ª linha) nas pautas abaixo.

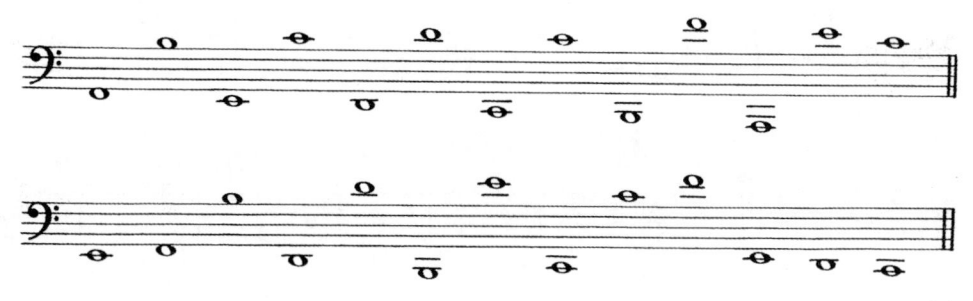

## LEITURA MÉTRICA NA CLAVE DE SOL

## LEITURA MÉTRICA NA CLAVE DE FÁ, 4ª LINHA

**SOLFEJOS**

## SOLFEJO A 2 VOZES

**Moderato**

68.

## SOLFEJO ACOMPANHADO

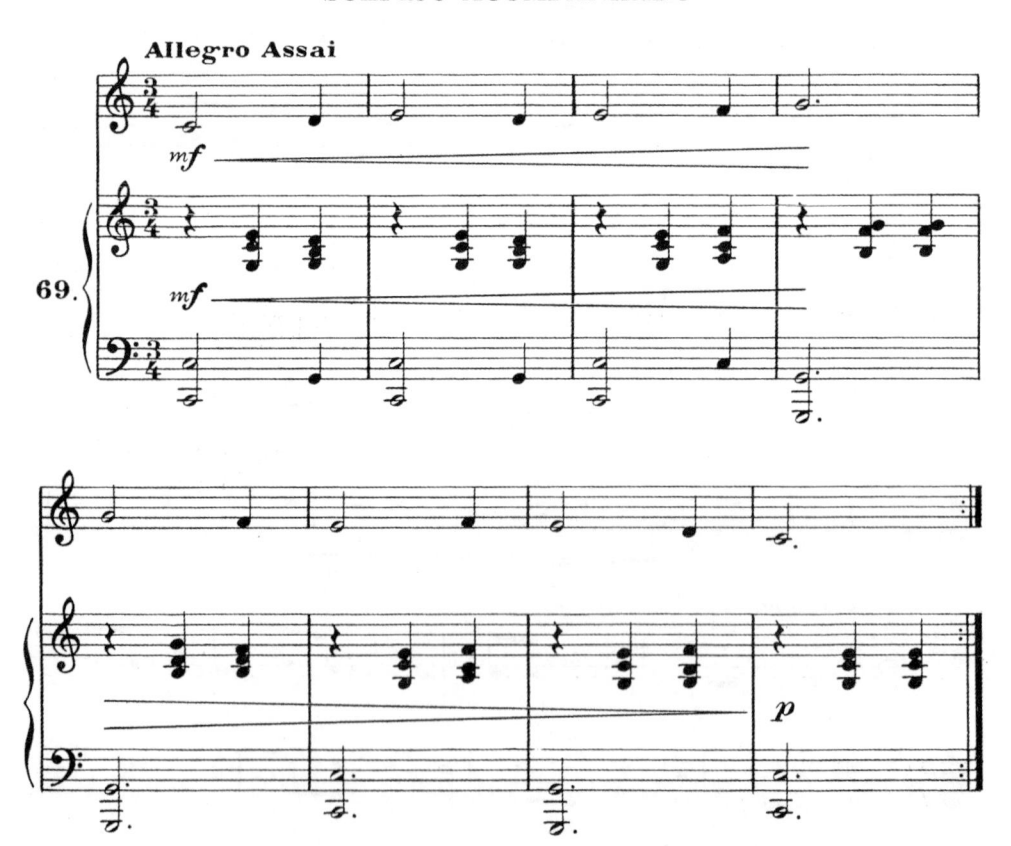

**Allegro Assai**

69.

## DITADO

Ditados com os ritmos dos solfejos.

# 10.ª LIÇÃO

| PLANO DE AULA | APROVEITAMENTO |
|---|---|
| 1º) Espécies de Claves ....................... | Teoria_____ |
| 2º) Leitura Métrica ........................ | Deveres_____ |
| 3º) Solfejo . . ............................ | L. Métrica_____ |
| 4º) Ditado . ............................... | Solfejo e Ditado_____ |

## ESPÉCIES DE CLAVES

Há 3 espécies de Claves: Sol, Fá e Dó.

Nas aulas anteriores foram apresentadas as claves de Sol e a de Fá, 4ª linha. Temos agora a clave de Fá, 3ª linha, e a de Dó na 1ª, 2ª, 3ª e 4ª linhas, onde as notas também recebem seus nomes, de acordo com a linha em que estas claves forem assinadas.

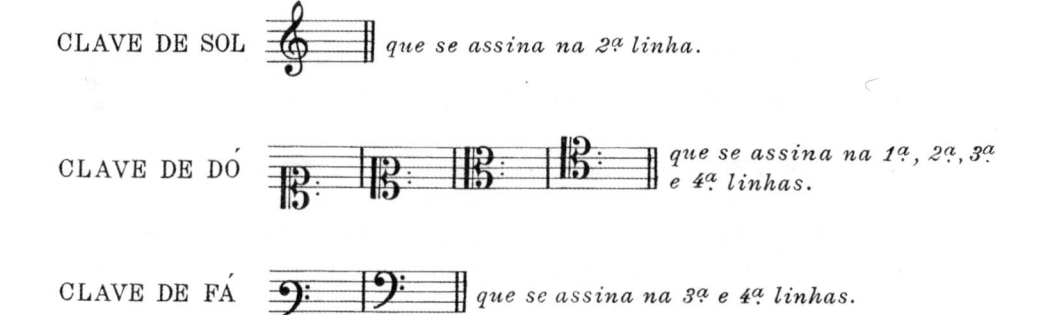

CLAVE DE SOL — que se assina na 2ª linha.

CLAVE DE DÓ — que se assina na 1ª, 2ª, 3ª e 4ª linhas.

CLAVE DE FÁ — que se assina na 3ª e 4ª linhas.

### NOMES DAS NOTAS EM TODAS AS CLAVES

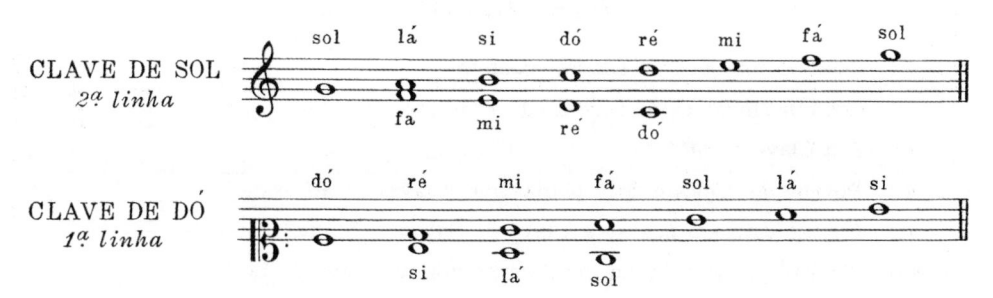

CLAVE DE SOL
2ª linha
sol lá si dó ré mi fá sol
fá mi ré dó

CLAVE DE DÓ
1ª linha
dó ré mi fá sol lá si
si lá sol

**CLAVE DE DÓ**
2ª linha

**CLAVE DE DÓ**
3ª linha

**CLAVE DE DÓ**
4ª linha

**CLAVE DE FÁ**
3ª linha

**CLAVE DE FÁ**
4ª linha

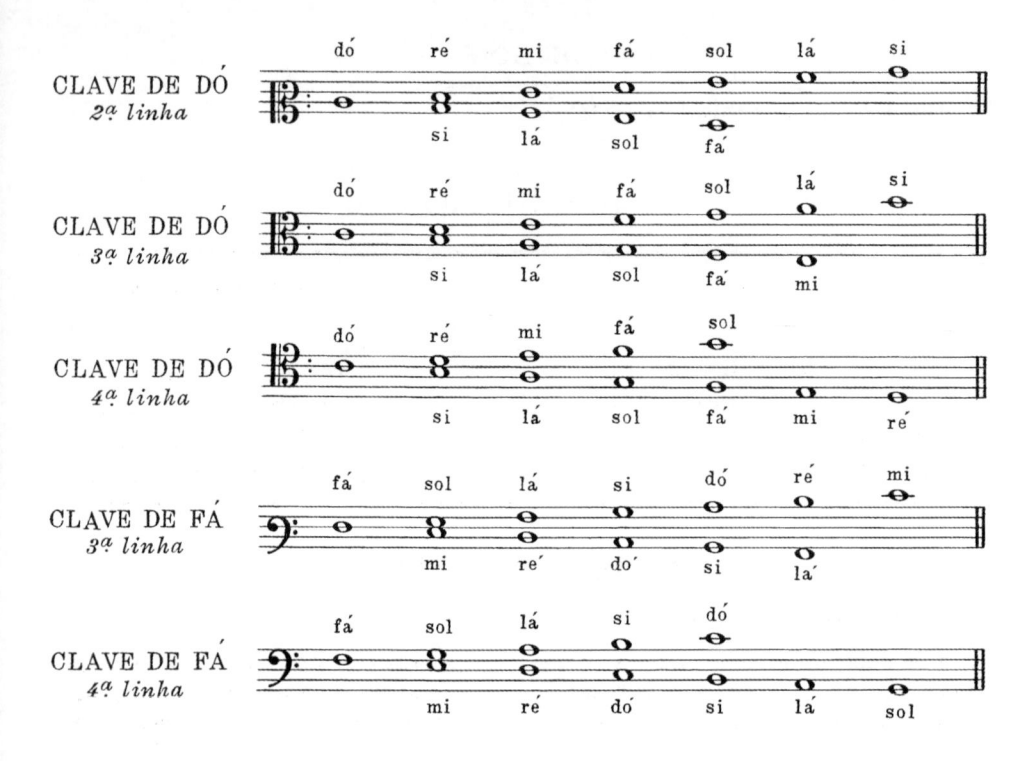

As claves mais usadas são: a de Sol e a de Fá, 4ª linha.

PONTOS NAS CLAVES — as Claves de Fá e Dó levam dois pontos justamente para indicar em que linhas foram assinadas.

CLAVE DE SOL SEM PONTOS — antigamente era usada a Clave de Sol na 1ª linha; porém, caiu em desuso, porque suas notas eram iguais à leitura das notas na Clave de Fá, 4ª linha. Por esta razão, foram abolidos os 2 pontos na Clave de Sol, 2ª linha, pois, por ser esta a única, não há mais necessidade de colocá-los.

### QUESTIONÁRIO

1º) Quantas espécies de Claves existem?
2º) Em que linhas se escreve a Clave de Fá?
3º) E a Clave de Dó?
4º) Porque se colocam dois pontos nas Claves de Fá e de Dó?
5º) Porque caiu em desuso a Clave de Sol na 1ª linha?
6º) Porque não se colocam os dois pontos na Clave de Sol?

## DEVERES

*a)* Desenhar todas as Claves em suas respetivas linhas.

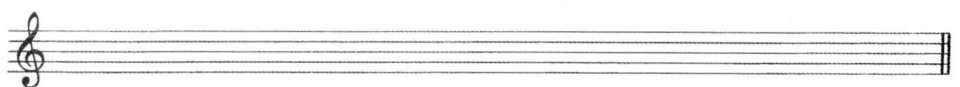

*b)* Colocar os nomes das notas das Claves abaixo.

sol

### LEITURA MÉTRICA NA CLAVE DE SOL

70.

### LEITURA MÉTRICA NA CLAVE DE FÁ, 4ª LINHA

71.

72.

## SOLFEJOS

73. Allegro

74. Allegro

## SOLFEJO A 2 VOZES

75. Moderato

## SOLFEJO ACOMPANHADO

## DITADO

Ditados de acordo com os solfejos desta aula.

# 11.ª LIÇÃO

| PLANO DE AULA | APROVEITAMENTO |
|---|---|
| 1º) Divisão Proporcional dos Valores .......... | Teoria _____ |
| 2º) Leitura Métrica ........................ | Deveres _____ |
| 3º) Solfejo .............................. | L. Métrica _____ |
| 4º) Ditado .............................. | Solfejo e Ditado _____ |

## DIVISÃO PROPORCIONAL DOS VALORES

Complemento das subdivisões de todos os valores, tendo como demonstração os dois quadros seguintes: o Tradicional e o Moderno.

A Semibreve é tomada como a unidade na Divisão Proporcional dos Valores. As outras são frações da Semibreve.

### QUADRO TRADICIONAL

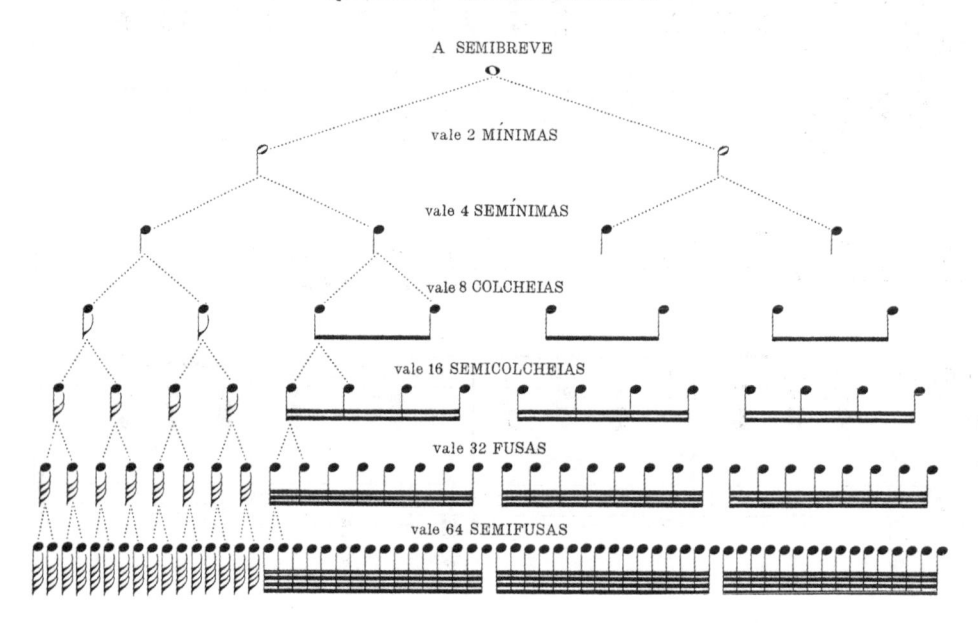

A SEMIBREVE

vale 2 MÍNIMAS

vale 4 SEMÍNIMAS

vale 8 COLCHEIAS

vale 16 SEMICOLCHEIAS

vale 32 FUSAS

vale 64 SEMIFUSAS

### QUADRO MODERNO

| | | 2 | 4 | 8 | 16 | 32 | 64 |
|---|---|---|---|---|---|---|---|
| Semibreve | ○ = | ♩ | ♩ | ♪ | ♫ | ♬ | ♬ |
| Mínima - - - | ♩ = | 2 ♩ | 4 ♪ | 8 ♫ | 16 ♬ | 32 ♬ | |
| Semínima - - - - | ♩ = | 2 ♪ | 4 ♫ | 8 ♬ | 16 ♬ | | |
| Colcheia - - - - - - | ♪ = | 2 ♫ | 4 ♬ | 8 ♬ | | | |
| Semicolcheia - - - - - - - | ♫ = | 2 ♬ | 4 ♬ | | | | |
| Fusa - - - - - - - - - | ♬ = | 2 ♬ | | | | | |

**TREMIFUSA OU QUARTIFUSA** — é uma figura raramente usada, que vale a metade da semifusa, Figura de Nota 🎵 Figura de Pausa.

## QUESTIONÁRIO

1º) Uma semibreve quantas mínimas vale?
2º) Uma semínima quantas fusas vale?
3º) Uma semicolcheia quantas semifusas vale?
4º) Qual o valor correspondente a 4 semicolcheias?
5º) E o valor correspondente a 16 semicolcheias?
6º) Qual o valor correspondente a 4 fusas?

## DEVERES

*a)* Colocar na pauta de baixo o valor correspondente aos das figuras da pauta de cima.

*b)* Colocar nos espaços abaixo, as figuras que faltam para completar os valores correspondentes da pauta de cima.

## LEITURA MÉTRICA NA CLAVE DE SOL

77.

78.

## LEITURA MÉTRICA NA CLAVE DE FÁ, 4ª LINHA

79.

## SOLFEJOS

80. Allegro

DITADO

Ditados até semicolcheias

# 12.ª LIÇÃO

| PLANO DE AULA | APROVEITAMENTO |
|---|---|
| 1º) Colocação das Hastes ................. | Teoria _____ |
| 2º) Figuras Antigas ...................... | Deveres _____ |
| 3º) Leitura Métrica ...................... | L. Métrica _____ |
| 4º) Solfejo ............................. | Solfejo _____ |
| 5º) Ditado .............................. | Ditado _____ |

## COLOCAÇÃO DAS HASTES

a) Do 2º espaço para baixo, a haste é para cima e do lado direito da cabeça da nota.

b) Da 3.ª linha para cima, a haste é para baixo, e do lado esquerdo da cabeça da nota.

c) A nota colocada na 3.ª linha, sozinha, a haste é sempre para baixo. Quando esta nota está ligada por barra a outra inferior, as hastes são para cima. Quando ligada a uma superior, as hastes são para baixo.

## COLOCAÇÃO DOS COLCHETES

Os colchetes são sempre colocados no lado direito das hastes. Quando há várias figuras com colchetes, usa-se substuí-los por barras.

COLCHETES                    BARRAS

## FIGURAS ANTIGAS

Na grafia musical antiga, havia ainda 3 figuras que caíram em desuso. Eram elas: a Máxima, a Longa e a Breve.

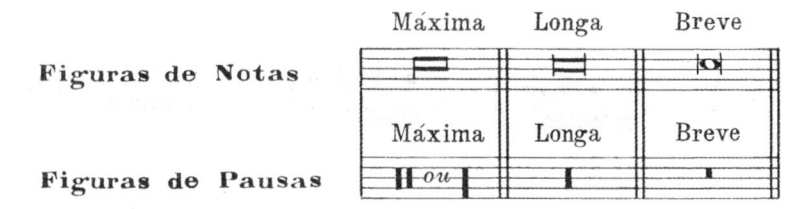

| | Máxima | Longa | Breve |
|---|---|---|---|
| **Figuras de Notas** | | | |
| | Máxima | Longa | Breve |
| **Figuras de Pausas** | | | |

## QUESTIONÁRIO

1º) Como são colocadas as hastes das notas da 3ª linha para baixo?
2º) E da 3ª linha para cima?
3º) Quando a nota é sozinha na 3ª linha, como se coloca a haste?
4º) De que lado da haste se coloca o colchete?
5º) Quais as figuras que cairam em desuso?

## DEVERES

a) Substituir os colchetes por barras.

b)

## LEITURA MÉTRICA NA CLAVE DE SOL

85.

## LEITURA MÉTRICA NA CLAVE DE FÁ, 4ª LINHA

86.

87.

## SOLFEJOS

## DITADO

Ditados de acordo com os ritmos desta aula.

# 13.ª LIÇÃO

| PLANO DE AULA | APROVEITAMENTO |
|---|---|
| 1º) Divisão Ternária dos Valores Pontuados ... | Teoria _____ |
| 2º) Leitura Métrica ........................ | Deveres_____ |
| 3º) Solfejo . . ............................ | L. Métrica———— |
| 4º) Ditado . . ............................ | Solfejo e Ditado____ |

## DIVISÃO TERNÁRIA DOS VALORES PONTUADOS

Cada figura pontuada vale $\frac{3}{4}$ da anterior e o triplo da seguinte.

QUADRO DA DIVISÃO TERNÁRIA DOS VALORES PONTUADOS

Semibreve pontuada

Mínima  "

Semínima "

Colcheia "

Semicolcheia "

Fusa "

As pausas também têm divisão ternária quando pontuadas.

### QUESTIONÁRIO

1º) Qual o valor pontuado correspondente a 6 semínimas?
2º) E o valor pontuado correspondente a 12 semicolcheias?
3º) A semínima pontuada quantas fusas vale?
4º) A mínima pontuada vale $\frac{3}{4}$ de que figura?
5º) Qual o valor pontuado correspondente a 24 semicolcheias?

### DEVERES

a) Colocar na pauta de baixo os valores pontuados correspondentes aos da pauta de cima.

LEITURA MÉTRICA NA CLAVE DE FÁ, 4ª Linha

## SOLFEJOS

Allegro
97.
mf

Allegretto
98.
p
mf
sf
sf
p
f
sf
cresc.

Vivace
99.
mf
cresc.
dim.
p

DITADO

Nos mesmos moldes anteriores.

# 14.ª LIÇÃO

| PLANO DE AULA | APROVEITAMENTO |
|---|---|
| 1º) Divisão Binária dos Valores Pontuados .... | Teoria_____ |
| 2º) Leitura Métrica ......................... | Deveres_____ |
| 3º) Solfejo . .............................. | L. Métrica_____ |
| 4º) Ditado . . .............................. | Solfejo e Ditado_____ |

## DIVISÃO BINÁRIA DOS VALORES PONTUADOS

Toda a figura pontuada é divisível por 2, quando o resultado de sua divisão for também de figuras pontuadas.

### QUADRO DA DIVISÃO BINÁRIA DOS VALORES PONTUADOS

Semibreve pontuada

Mínima ,,

Semínima ,,

Colcheia ,,

Semicolcheia ,,

Fusa ,,

### QUESTIONÁRIO

1º) Quando o valor pontuado é divisível por 2?
2º) Uma semibreve pontuada quantas colcheias pontuadas vale?
3º) Uma colcheia pontuada quantas semifusas pontuadas vale?
4º) Qual o valor pontuado correspondente a 16 semicolcheias pontuadas?
5º) Qual o valor pontuado que corresponde a 4 fusas pontuadas?

### DEVERES

a) Colocar na pauta abaixo os valores pontuados correspondentes.

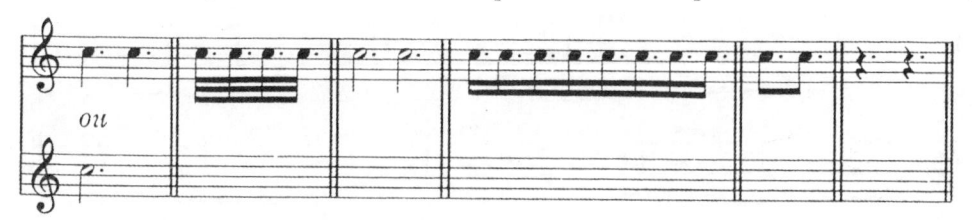

LEITURA MÉTRICA NA CLAVE DE FÁ, 4ª LINHA

SOLFEJOS

Moderato

108.

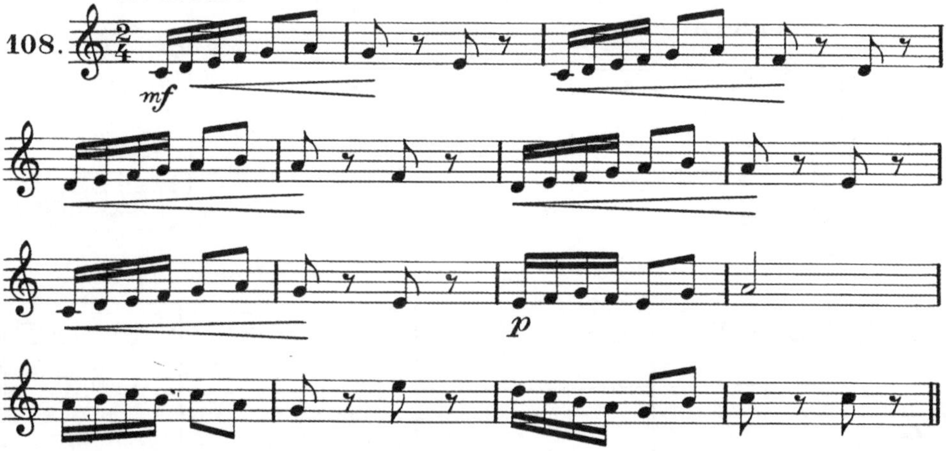


Allegretto

109.

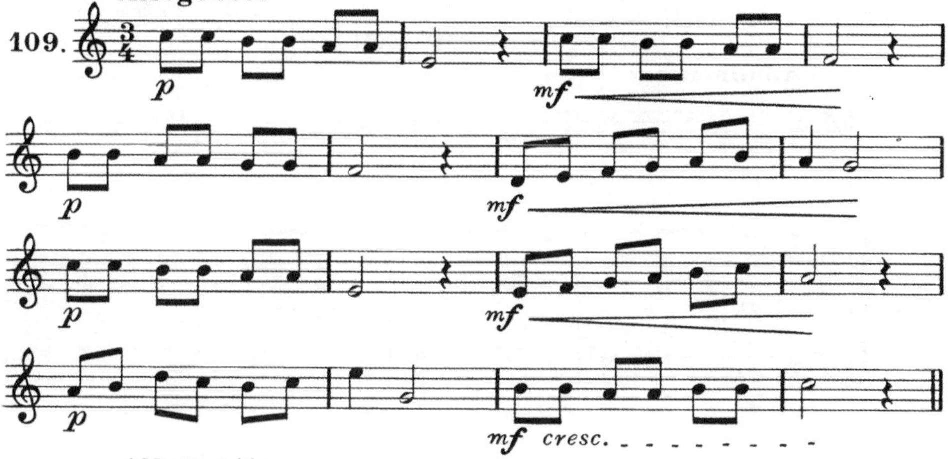


Allegretto

110.

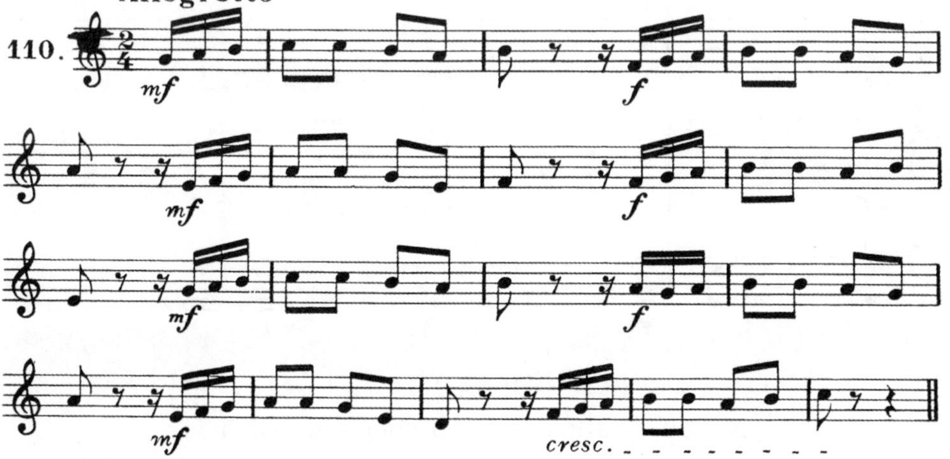

## SOLFEJO A 2 VOZES

111.

## SOLFEJO ACOMPANHADO

112.

## DITADO
Novos ditados também com semicolcheias.

# 15.ª LIÇÃO

| PLANO DE AULA | APROVEITAMENTO |
|---|---|
| 1º) Signos de Compasso ..................... | Teoria_____ |
| 2º) Numerador e Denominador .............. | Deveres_____ |
| 3º) Leitura Métrica ......................... | L. Métrica_____ |
| 4º) Solfejo . . ............................. | Solfejo_____ |
| 5º) Ditado . . ............................. | Ditado_____ |

## SIGNOS DE COMPASSO

Os signos de compasso são representados por frações ordinárias, sinais ou apenas por um número.

Modernamente se usa colocar uma figura no lugar do denominador.

Fração      Número      Sinal      Figura

## NUMERADOR E DENOMINADOR

Quando o signo de compasso é representado por uma fração ordinária, o numerador e o denominador determinam o seguinte:

NUMERADOR: representa a quantidade de tempos de cada compasso.

Os numeradores dos compassos simples são:
2 para o Compasso Binário
3 para o Compasso Ternário
4 para o Compasso Quaternário.

COMPASSO SIMPLES: são aqueles cujos tempos se constituem por figuras simples, isto é, não pontuadas.

DENOMINADOR — determina a qualidade da figura que preenche cada tempo, no compasso simples.

Estes valores são representados pelos seguintes números:
1 corresponde à Semibreve
2 corresponde à Mínima
4 corresponde à Semínima
8 corresponde à Colcheia
16 corresponde à Semicolcheia
32 corresponde à Fusa
64 corresponde à Semifusa.

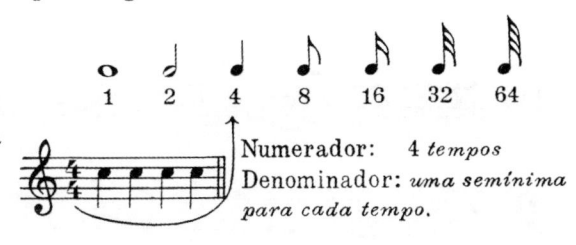

Numerador: 4 *tempos*
Denominador: *uma semínima para cada tempo.*

Numerador: 2 tempos
Denominador: uma mínima para cada tempo

Numerador: 3 tempos
Denominador: uma colcheia para cada tempo

## QUESTIONÁRIO

1º) Como podem ser representados os signos de compasso?
2º) O que representa o numerador?
3º) Quais os números que representam os numeradores dos compassos?
4º) O que representa o denominador?
5º) Quais são os números que representam os denominadores dos compassos?

## DEVERES

a) Colocar as figuras que representam os tempos dos seguintes compassos:

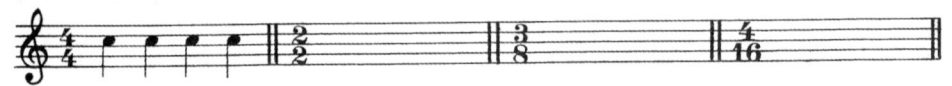

### LEITURA MÉTRICA NA CLAVE DE FÁ, 4ª LINHA

113.

*Mesma leitura métrica, com outra grafia.*

114.

115.

## SOLFEJOS

## DITADO

Novos ditados nos ritmos dos solfejos.

## 16.ª LIÇÃO

| PLANO DE AULA | APROVEITAMENTO |
|---|---|
| 1º) Unidade de Tempo e de Compasso ......... | Teoria _____ |
| 2º) Acento Métrico ......................... | Deveres _____ |
| 3º) Compasso Simples ....................... | L. Métrica _____ |
| 4º) Leitura Métrica ........................ | Solfejo _____ |
| 5º) Solfejo e Ditado ....................... | Ditado _____ |

### UNIDADE DE TEMPO E DE COMPASSO

UNIDADE DE TEMPO — é a figura que preenche cada tempo de compasso.

UNIDADE DE COMPASSO — é a figura que preenche cada compasso.

*Unidade de tempo*
Semínima

*Unidade de compasso*
Mínima

### ACENTO MÉTRICO

Os tempos dos compassos têm acentuações **fortes e fracas**.

Por essas acentuações pode-se distinguir se o compasso é Binário, Ternário ou Quaternário.

Compasso Binário: 1º tempo forte, 2º fraco.

Compasso Ternário: 1º tempo forte, 2º e 3º fracos.

Compasso Quaternário: 1º tempo forte, 2º fraco, 3º meio forte e 4º fraco.

F  *f*          F  *f*  *f*          F  *f*  *mf*  *f*

### PARTES FORTES E FRACAS DOS TEMPOS

Cada tempo pode ser dividido em partes de tempo, as quais seguem as mesmas regras das acentuações dos tempos de compasso.

Quando o tempo se divide em 2 partes, a primeira é forte e a segunda fraca.

F *f* F *f*

O mesmo acontece quando o tempo é dividido em 3, 4 ou mais partes, onde a acentuação mais forte é sempre na 1ª parte.

## MARCAÇÃO DOS TEMPOS

Os movimentos da mão marcam os tempos dos compassos, que podem ser batidos na mesa ou no ar.

Compasso Binário   Compasso Ternário   Compasso Quaternário

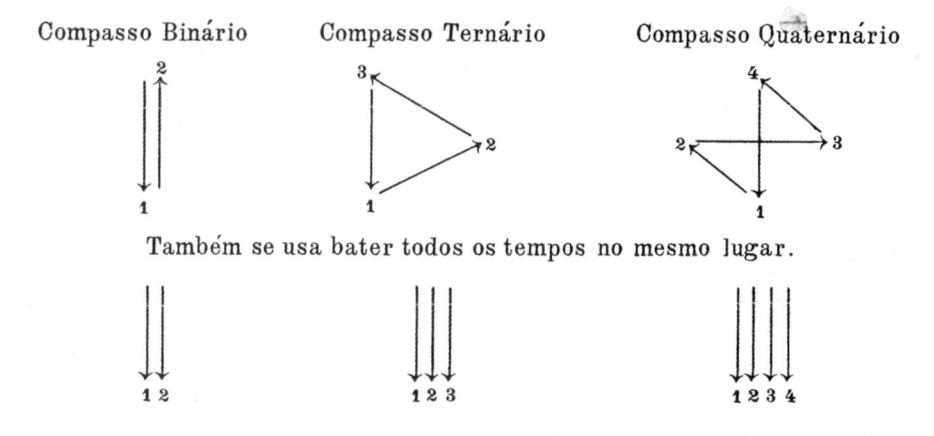

Também se usa bater todos os tempos no mesmo lugar.

## COMPASSOS SIMPLES

COMPASSOS SIMPLES — são os que têm por unidade de tempo figuras divisíveis por 2, isto é, não pontuadas.

UT UT UC   UT UT UT UC   UT UT UT UT UC

Observar que no compasso $\frac{3}{4}$ acima, a unidade de compasso é uma mínima pontuada, mas cada unidade de tempo é uma semínima, que é divisível por 2.

## QUADRO DOS COMPASSOS SIMPLES

### ANTIGOS E MODERNOS

UNIDADES DE TEMPO E DE COMPASSO

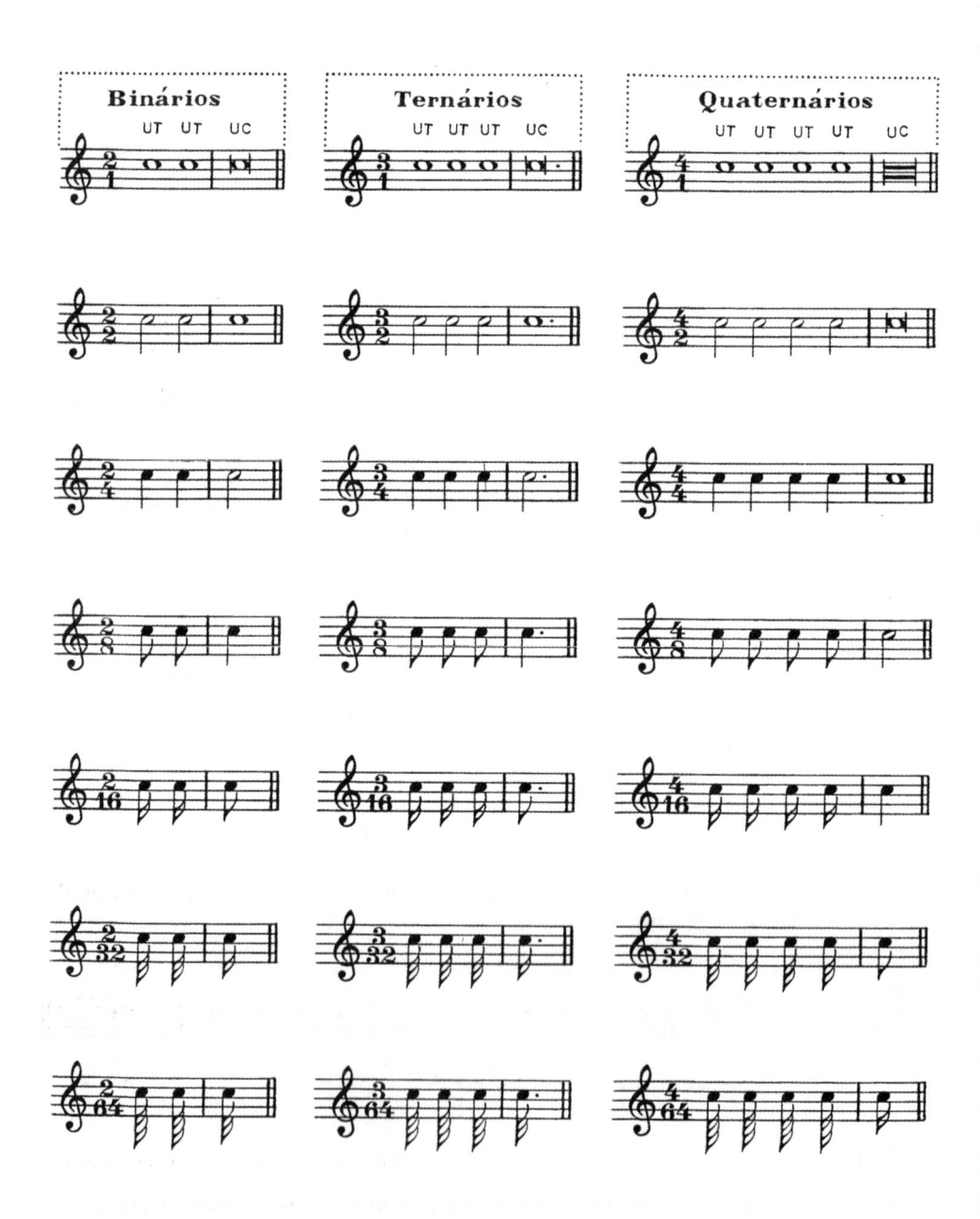

## QUESTIONÁRIO

1º) Que é unidade de tempo?
2º) Que é unidade de compasso?
3º) Qual o tempo forte de cada compasso?
4º) Se o tempo estiver dividido em duas partes, qual é a forte?
5º) E se o tempo estiver dividido em quatro, qual a parte forte?
6º) Que é compasso simples?
7º) Entre os compassos simples (Binário, Ternário e Quaternário), qual dos três tem uma figura pontuada como unidade de compasso?

## DEVERES

a) Colocar os valores que representam a unidade de tempo e de compasso.

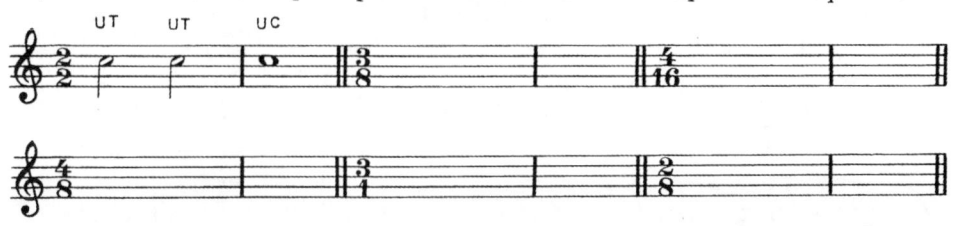

b) Conforme deveres acima, formar outros exercícios com novos signos de compasso.

### LEITURA MÉTRICA NA CLAVE DE FÁ, 4ª LINHA

119.

## SOLFEJOS

## DITADO

Ditado de acordo com os solfejos dados.

75

## 17.ª LIÇÃO

| PLANO DE AULA | APROVEITAMENTO |
|---|---|
| 1º) Compassos mais usados ................. | Teoria_____ |
| 2º) Leitura Métrica ........................ | Deveres_____ |
| 3º) Solfejo . . ............................. | L. Métrica_____ |
| 4º) Ditado . . .............................. | Solfejo e Ditado_____ |

### COMPASSOS MAIS USADOS

Os compassos que têm como denominador a semínima são os mais usados.

É considerado também muito usado o compasso binário que tem como denominador 2, que representa a mínima.

### COMPASSOS MENOS USADOS

São os que têm como denominador a colcheia.

Também o compasso ternário cujo denominador é 2, é usado, mas não freqüentemente.

### COMPASSOS NÃO USADOS

São: $\frac{2}{1}$, $\frac{3}{1}$, $\frac{4}{1}$, $\frac{4}{2}$, por possuirem valores maiores que a semibreve e os compassos cujos denominadores são: 16, 32 e 64. Estes compassos não se usam mais na música moderna.

Os compassos $\frac{4}{4}$, $\frac{3}{4}$ e o $\frac{2}{2}$, podem ser representados por outros signos.

$\frac{4}{4}$ .................... 4, **C** ou $\frac{4}{\text{♩}}$

$\frac{3}{4}$ .................... 3, ou $\frac{3}{\text{♩}}$

$\frac{2}{2}$ .................... 2, **¢** ou $\frac{2}{\text{𝅗𝅥}}$

## QUESTIONÁRIO

1º) Quais são os compassos mais usados?
2º) Os menos usados?
3º) E os que não se usam mais?
4º) Quais são os signos que representam também o $\frac{4}{4}$ ?
5º) Os que representam o compasso $\frac{3}{4}$ ?
6º) E os que representam o compasso $\frac{2}{2}$ ?

## DEVERES

a) Colocar os signos de compasso, considerando cada figura como unidade de tempo.

b) Colocar as unidades de tempos e de compasso.

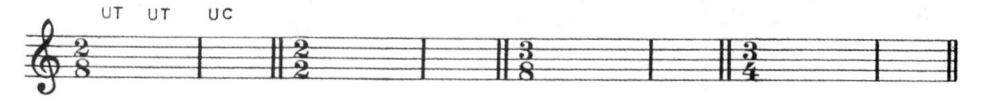

LEITURA MÉTRICA DA CLAVE DE FÁ, 4ª LINHA

125.

## SOLFEJOS

## DITADO

Ditados de acordo com os solfejos.

## 18.ª LIÇÃO

| PLANO DE AULA | APROVEITAMENTO |
|---|---|
| 1º) Sinais de Alteração .................... | Teoria_____ |
| 2º) Fermata ou Suspensão ................. | Deveres _____ |
| 3º) Leitura Métrica ....................... | L. Métrica_____ |
| 4º) Solfejo . . ............................ | Solfejo_____ |
| 5º) Ditado . . ............................ | Ditado _____ |

### SINAIS DE ALTERAÇÃO OU ACIDENTES

SINAIS DE ALTERAÇÃO — são sinais que se colocam antes das notas, para alterar-lhes a entoação.

São cinco os sinais de alteração:

O ♯ **Sustenido**................ Eleva a entoação da nota um semitom.

O ♭ **Bemol**.................... Abaixa a entoação da nota um semitom.

O x **Dobrado Sustenido**... Eleva a entoação da nota dois semitons.

O ♭♭ **Dobrado Bemol**......... Abaixa a entoação da nota dois semitons.

O ♮ **Bequadro**................ Faz a nota voltar à entoação natural.

### EFEITOS DAS ALTERAÇÕES

*a*) O sinal de alteração prevalece dentro do mesmo compasso para as notas do mesmo nome e da mesma altura.

*mesma nota e mesma altura
o 2º Ré continua sustenizado.*

*b*) Se dentro do mesmo compasso há notas iguais, porém de alturas diferentes, torna-se necessário colocar as alterações nas duas notas.

c) No caso de uma nota se prolongar para o outro compasso, o efeito da alteração prevalece somente sobre a nota prolongada.

↑
*nota prolongada.*

No 2º compasso, o primeiro RÉ continua alterado por causa da ligadura, porém o DÓ e o RÉ seguintes perdem as alterações, visto estarem no outro compasso.

ALTERAÇÕES DE PREVENÇÃO — Alguns compositores colocam as alterações chamadas de **Prevenção** no compasso seguinte, para evitar erro de leitura.

## ALTERAÇÕES ASCENDENTES E DESCENDENTES

As **Alterações Ascendentes** são o Sustenido e o Dobrado Sustenido.

As **Alterações Descendentes** são o Bemol e o Dobrado Bemol.

Quando a 1ª nota está alterada com sustenido e a 2ª com dobrado sustenido, a última é elevada somente meio tom.

Assim, também, quando a 1ª nota está bemolizada, o efeito do dobrado bemol é só de 1 semitom descendente.

O **Bequadro**, além de fazer a nota voltar ao seu estado natural, tem ainda duas funções: após o sustenido ou o dobrado sustenido, é uma alteração descendente, e, depois do bemol ou do dobrado bemol, o efeito é ascendente.

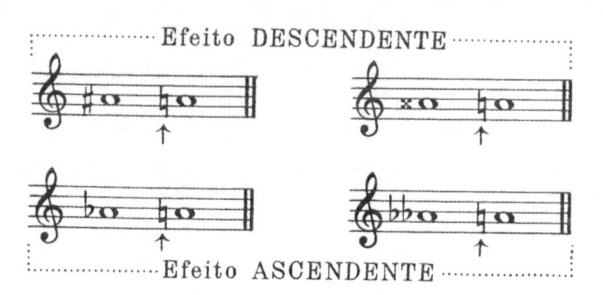

Efeito DESCENDENTE

Efeito ASCENDENTE

O **Bemol** também terá efeito ascendente, quando colocado depois de um dobrado bemol.

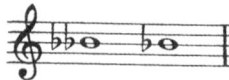

O **Sustenido** terá efeito descendente, quando colocado depois de um dobrado sustenido.

## FERMATA

FERMATA — é um sinal indicado por uma linha curva com um ponto 🎵, que, colocado acima ou abaixo de uma nota, prolonga a sua duração. Não tem valor determinado, dependendo da interpretação do musicista, podendo, por isto, ser curta ou longa.

De acordo com alguns autores, a **Fermata** vale o dobro do valor da nota.

SUSPENSÃO — é o sinal de Fermata, porém colocado numa pausa. Neste caso, suspende-se o movimento, visto a pausa ser prolongada.

## QUESTIONÁRIO

1º) Que são sinais de alteração?
2º) Qual o efeito do sustenido e do dobrado sustenido?
3º) Qual o efeito do bemol e do dobrado bemol?
4º) E do bequadro após as alterações?
5º) Quando o bemol tem efeito ascendente?
6º) Quando o sustenido tem efeito descendente?
7º) Quando o bequadro tem efeito descendente?
8º) E quando tem efeito ascendente?
9º) Que é Fermata?
10º) Que é Suspensão?

## DEVERES

a) Alterar a 2ª nota de cada exemplo, de acordo com os semitons pedidos.

LEITURA MÉTRICA NA CLAVE DE FÁ, 4ª LINHA

SOLFEJOS

84

## DITADO
Ditado de acordo com os solfejos

# 19.ª LIÇÃO

| PLANO DE AULA | APROVEITAMENTO |
|---|---|
| 1º) Intervalo . . . . . . . . . . . . . . . . . . . . . . . . . . . . | Teoria _____ |
| 2º) Intervalos Simples e Compostos . . . . . . . . . . | Deveres _____ |
| 3º) Intervalos Superiores e Inferiores . . . . . . . . | L. Métrica _____ |
| 4º) Leitura Métrica . . . . . . . . . . . . . . . . . . . . . . . | Solfejo _____ |
| 5º) Solfejo e Ditado . . . . . . . . . . . . . . . . . . . . . . | Ditado _____ |

## INTERVALO

INTERVALO — é a diferença de altura entre duas notas.

Os intervalos podem ser de: 2ª, 3ª, 4ª, 5ª, 6ª, etc., dependendo do número de graus que abrangem.

Intervalo de 3ª          Intervalo de 6ª

Os Intervalos podem ser Simples e Compostos.

INTERVALOS SIMPLES — são os situados dentro do limite da 8ª.

Intervalo de 3ª          Intervalo de 7ª

O intervalo de 8ª é considerado também simples.

INTERVALOS COMPOSTOS — são os que ultrapassam o limite da 8ª.

Intervalo de 10ª         Intervalo de 12ª

## INTERVALOS SUPERIORES E INFERIORES

Os intervalos podem ser **Superiores**, quando a primeira nota é mais grave que a segunda, e **Inferiores**, quando a primeira nota é mais aguda.

Os Superiores também se chamam **Ascendentes** e os Inferiores, **Descendentes**.

SUPERIOR         INFERIOR

## QUESTIONÁRIO

1º) Que é Intervalo?
2º) Quando o intervalo é simples?
3º) Quando é composto?
4º) Quando o intervalo é Superior ou Ascendente?
5º) E Inferior ou Descendente?

## DEVERES

a) Analisar os seguintes intervalos dizendo se são: **Simples** ou **Compostos**, **Superiores** ou **Inferiores**.

Simples superior

b) Formar um intervalo de cada espécie: Simples, Composto, Superior e Inferior.

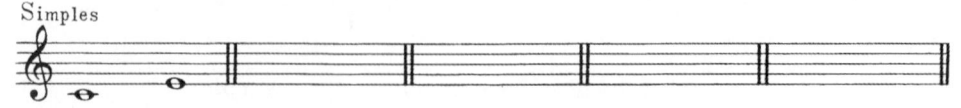

Simples

LEITURA MÉTRICA NA CLAVE DE FÁ, 4ª LINHA

136.

137.

**SOLFEJOS**

138. Allegretto

DITADO

Nos moldes dos solfejos desta lição

# 20.ª LIÇÃO

| PLANO DE AULA | APROVEITAMENTO |
|---|---|
| 1º) Classificação dos Intervalos Simples ....... | Teoria_____ |
| 2º) Quadro dos Intervalos Simples ............ | Deveres_____ |
| 3º) Leitura Métrica ........................ | L. Métrica_____ |
| 4º) Solfejo . . ............................ | Solfejo_____ |
| 5º) Ditado . . ............................. | Ditado._____ |

## CLASSIFICAÇÃO DOS INTERVALOS SIMPLES

Os intervalos classificam-se naturalmente pela quantidade de tons e semitons existentes entre suas notas: Maiores, Menores, Justos, Aumentados e Diminutos.

Os intervalos de 2ª, 3ª, 6ª e 7ª podem ser ..................... { Maiores / Menores / Aumentados / Diminutos

Os intervalos de 4ª, 5ª e 8ª podem ser ..................... { Justos / Aumentados / Diminutos

Estes intervalos são formados da seguinte maneira:

**2ª Maior:** *formado de 1 tom.*

**2ª Menor:** *formado de 1 semitom.*

**3ª Maior:** *formado de 2 tons.*

**3ª Menor:** *formado de 1 tom e 1 semitom.*

**4ª Justa:** *formado de 2 tons e 1 semitom.*

**4ª Aumentada:** *formado de 3 tons.*

**5ª Justa:** *formado de 3 tons e 1 semitom.*

**5ª Diminuta:** *formado de 2 tons e 2 semitons.*

**6ª Maior:** formado de 4 tons e 1 semitom.

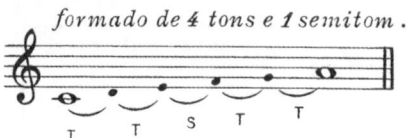

**6ª Menor:** formado de 3 tons e 2 semitons.

**7ª Maior:** formado de 5 tons e 1 semitom.

**7ª Menor:** formado de 4 tons e 2 semitons.

**8ª Justa:** formado de 5 tons e 2 semitons.

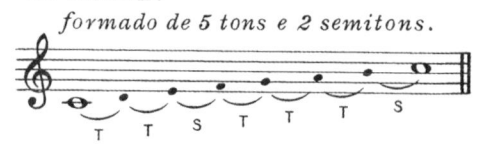

## QUADRO DOS INTERVALOS SIMPLES
### (NA ESCALA DE DÓ MAIOR)

INTERVALOS DE 2ºˢ — são maiores os intervalos de DÓ-RÉ, RÉ-MI, FÁ-SOL, SOL-LÁ e LÁ-SI, por abrangerem 1 tom. São menores os intervalos MI-FÁ e SI-DÓ, por guardarem entre si 1 semitom.

INTERVALOS DE 3ºˢ — são maiores os intervalos de DÓ-MI, FÁ-LÁ e SOL-SI, por abrangerem 2 tons. São menores os intervalos de RÉ-FÁ, MI-SOL, LÁ-DÓ e SI-RÉ, por conterem 1 dos semitons (MI-FÁ ou SI-DÓ).

INTERVALOS DE 4ºˢ — são justos os que possuirem um dos semitons: (MI-FÁ ou SI-DÓ), DÓ-FÁ, RÉ-SOL, MI-LÁ, SOL-DÓ, LÁ-RÉ e SI-MI, com exceção do FÁ-SI (4ª aumentada) visto não conter nenhum semitom.

INTERVALOS DE 5ºˢ — são justos todos os que contiverem um dos semitons, com exceção do SI-FÁ (5ª diminuta), que abrange os dois semitons MI-FÁ e SI-DÓ.

INTERVALOS DE 6ºˢ e 7ºˢ — são maiores todos os que contiverem um dos semitons e menores os que abrangerem os 2 semitons.

INTERVALOS DE 8ºˢ — são todos justos e encontram-se em todos os graus.

## QUESTIONÁRIO

1º) Como se classificam os intervalos pela quantidade de tons e semitons?
2º) Como podem ser os intervalos de 2ª, 3ª, 6ª e 7ª?
3º) E os de 4ª, 5ª e 8ª?
4º) Como é formado o intervalo de 2ª Maior? E o de 2ª Menor?
5º) Como é formado o intervalo de 3ª Maior? E o de 3ª Menor?
6º) Quantos tons e semitons tem a 4ª Justa? E a 5ª Justa?
7º) Como é formado o intervalo de 5ª diminuta?
8º) Os de 6ª e 7ª quando têm 2 semitons, são maiores ou menores?
9º) Todas as 8ºˢ são justas?
10) Como é formado o intervalo de 4ª aumentada?

# DEVERES

*(1ª)* Classificar os seguintes intervalos, indicando a quantidade de tons e semitons de cada um.

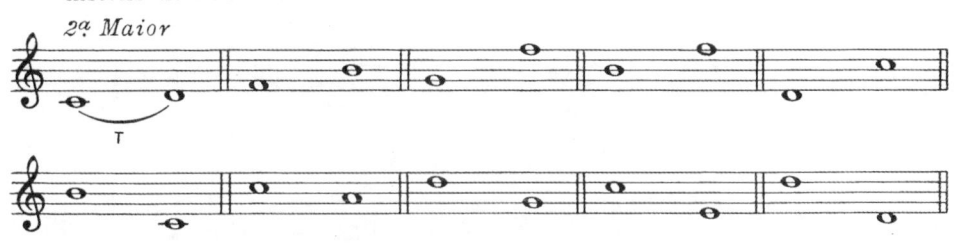

*(2ª)* Completar os intervalos, colocando uma 2ª nota nos exercícios.

(a) Formar intervalos de 2ªˢ e classificá-los, assim como os outros abaixo.

(b) Formar intervalos de 3ªˢ

(c) Formar intervalos de 4ªˢ

(d) Formar intervalos de 5ªˢ

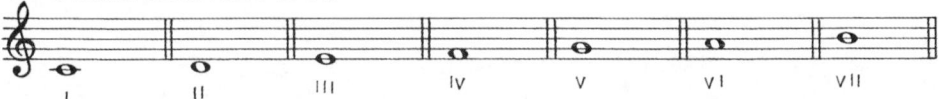

(e) Formar intervalos de 6ªˢ

(f) Formar intervalos de 7ªˢ

(g) Formar intervalos de 8ªˢ

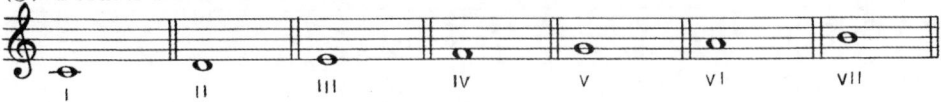

## LEITURA MÉTRICA NA CLAVE DE FÁ, 4ª LINHA

**SOLFEJOS**

146. **Allegretto**

## SOLFEJO A 2 VOZES

147. **Moderato**

FIM

## SOLFEJO ACOMPANHADO

148. **Moderato**

DITADO

Nos ritmos dos solfejos desta lição.

## 21.ª LIÇÃO

| PLANO DE AULA | APROVEITAMENTO |
|---|---|
| 1º) Graus onde se encontram os Intervalos Simples .................................... | Teoria _____ |
|  | Deveres _____ |
| 2º) Leitura Métrica ........................ | L. Métrica _____ |
| 3º) Solfejo ................................. | Solfejo _____ |
| 4º) Ditado ................................. | Ditado _____ |

## GRAUS ONDE SE ENCONTRAM OS INTERVALOS SIMPLES

**ESCALA DE DÓ MAIOR**
(EXTENSÃO DE 2 OITAVAS)

I  II  III  IV  V  VI  VII  I  II  III  IV  V  VI  VII  I
(VIII)

A escala acima facilita ao aluno localizar os graus onde se encontram os **Intervalos Simples**.

**Intervalos de 2ª Maior** - encontram-se no I, II, IV, V e VI graus.

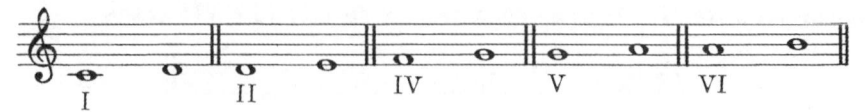

I   II   IV   V   VI

**Intervalos de 2ª Menor** - encontram-se no III e VII graus.

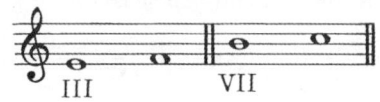

III   VII

**Intervalos de 3ª Maior** - encontram-se no I, IV e V graus.

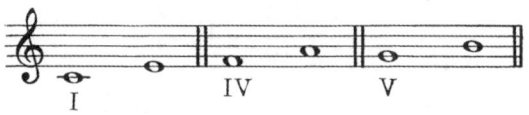

I   IV   V

**Intervalos de 3ª Menor** - encontram-se no II, III, VI e VII graus.

II   III   VI   VII

**Intervalos de 4ª Justa** - encontram-se no I, II, III, V, VI e VII graus.

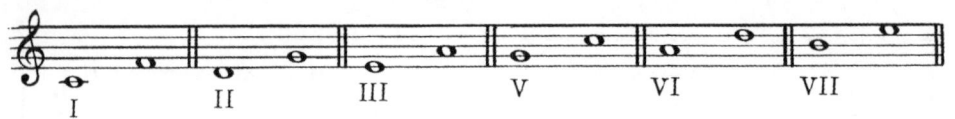

**Intervalo de 4ª Aumentada** - encontra-se no IV grau.

**Intervalos de 5ª Justa** - encontram-se no I, II, III, IV, V e VI graus.

**Intervalo de 5ª Diminuta** - encontra-se no VII grau.

**Intervalos de 6ª Maior** - encontram-se no I, II, IV e V graus.

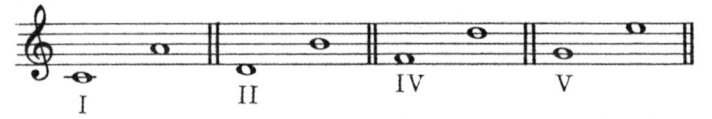

**Intervalos de 6ª Menor** - encontram-se no III, VI e VII graus.

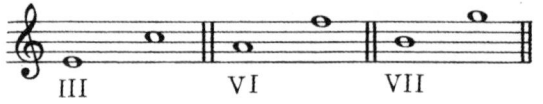

**Intervalos de 7ª Maior** - encontram-se no I e IV graus.

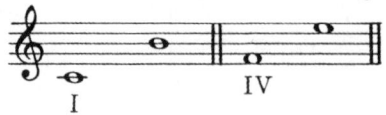

**Intervalos de 7ª Menor** - encontram-se no II, III, V, VI e VII graus.

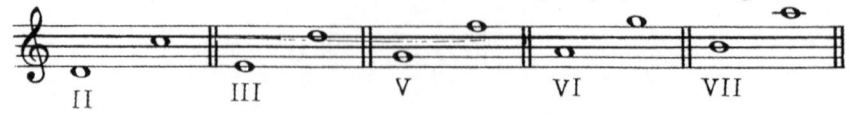

**Intervalos de 8ª Justa** - encontram-se em todos os graus.

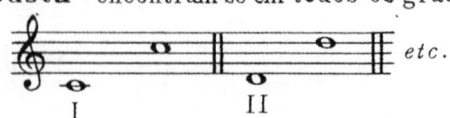

## QUESTIONÁRIO

1º) Em que graus se encontram as 2ªs Maiores?
2º) E as 2ªs Menores?
3º) Em que graus se encontram as 3ªs Maiores?
4º) E as 3ªs Menores?
5º) Em que graus se encontram as 4ªs Justas?
6º) E a 4ª Aumentada?
7º) Em que graus se encontram as 5ªs Justas?
8º) E a 5ª Diminuta?
9º) Em que graus se encontram as 6ªs Maiores?
10º) E as 6ªs Menores?
11º) Em que graus se encontram as 7ªs Maiores? E as Menores?
12º) Em que graus se encontram as 8ªs Justas?

## DEVERES

### INTERVALOS FORMADOS NO I GRAU

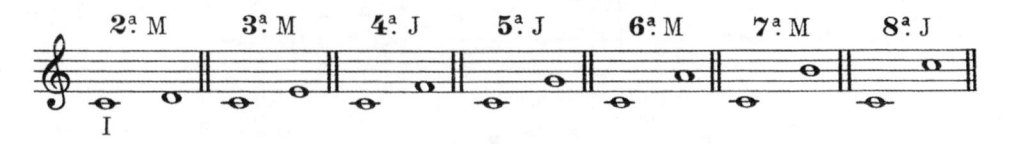

a) Conforme modelo acima, formar todos os Intervalos simples encontrados no IV, V e VII graus e classificá-los.

b)

c)

## LÁ MENOR

A escala de Lá Menor é modelo para todas as escalas menores. Os semitons se encontram do II para o III, do V para o VI e do VII para o VIII grau.

O VII grau tem uma alteração ascendente, ficando, assim, do VI para o VII grau, a distância de um tom e meio.

LEITURA MÉTRICA NA CLAVE DE FÁ, 4ª LINHA

## SOLFEJOS EM LÁ MENOR

Allegretto

156.

Moderato

157.

Allegro Assai

158.

Allegro Assai

159.

## SOLFEJO A 2 VOZES (Dó Maior)

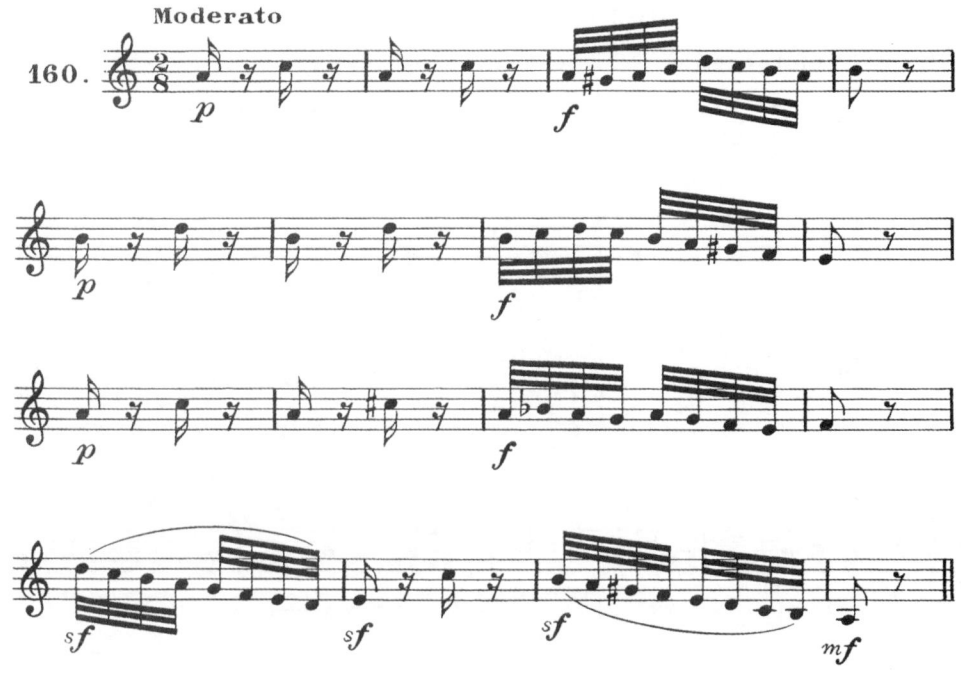

## SOLFEJO ACOMPANHADO

162.

## DITADO

Ditados de acordo com os ritmos empregados nos solfejos desta aula.

## 22.ª LIÇÃO

| PLANO DE AULA | APROVEITAMENTO |
|---|---|
| 1º) Semitons cromáticos e diatônicos .......... | Teoria _____ |
| 2º) Leitura Métrica ......................... | Deveres _____ |
| 3º) Solfejo .. ............................. | L. Métrica _____ |
| 4º) Ditado .. .............................. | Solfejo _____ |
|  | Ditado _____ |

## SEMITONS CROMÁTICOS E DIATÔNICOS

Os semitons podem ser: **Cromáticos e Diatônicos.**

SEMITOM CROMÁTICO — Quando é formado por notas de nomes iguais e sons diferentes.

SEMITOM DIATÔNICO — quando é formado por notas de nomes e sons diferentes.

COMA — é o menor intervalo perceptível ao nosso ouvido.

Um Tom consta de 9 comas.

Opinião dos músicos e físicos em relação aos semitons cromáticos e diatônicos.

**Os Músicos** afirmam que o semitom cromático contém 5 comas e o diatônico 4.

**Os Físicos** persistem na opinião de que o semitom cromático contém 4 comas e o diatônico 5.

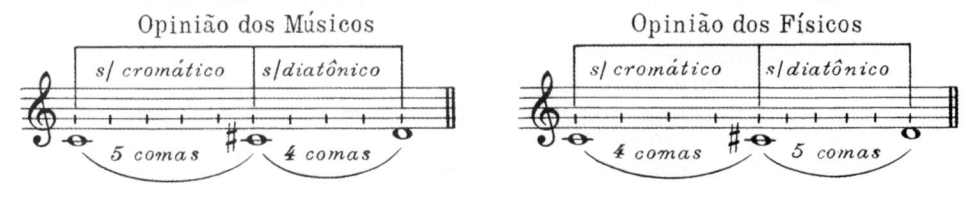

Em relação a estas duas opiniões, chega-se à conclusão de que há uma coma de diferença entre os dois semitons.

## INSTRUMENTOS TEMPERADOS

São os instrumentos de som fixo, como o piano, o órgão, o harmônio, etc. Nos instrumentos de teclado não existe uma coma de diferença entre o **semitom cromático e o diatônico.** Tanto um quanto o outro guardam um intervalo de 4 comas e meia.

Isto se verifica como no exemplo abaixo, em que, entre as teclas DÓ a RÉ (Intervalo de 1 tom), há uma nota intermediária que pode ser DÓ♯ ou RÉ♭. Sendo todas as notas do piano de som fixo, a divisão do tom em 2 semitons, é perfeitamente igual: 4 comas e meia cada um.

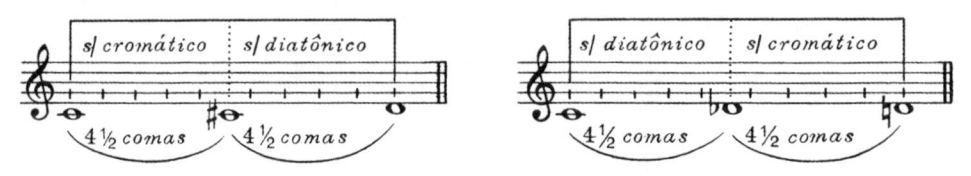

Este processo deu origem ao **Sistema Temperado,** que trata dos instrumentos de som fixo.

Deste sistema, surgiu a Enarmonia, que consiste na relação de notas de nomes diferentes, mas com o mesmo som.

## INSTRUMENTOS NÃO TEMPERADOS

São os instrumentos que não têm som fixo, como o clarim, violino, violoncelo, etc. No clarim, instrumento de sopro, o som é emitido com os lábios; no violino, o som também é produzido conforme a posição dos dedos nas cordas. Por isso, nestes instrumentos, a diferença de uma coma entre o semitom cromático e o diatônico pode ser observada, apesar de ser quase imperceptível.

## QUESTIONÁRIO

1º) Quantas espécies há de semitom?
2º) Como é formado o semitom cromático?
3º) Como é formado o semitom diatônico?
4º) Que é coma?
5º) Quantas comas contém o tom?
6º) Na opinião dos músicos, quantas comas contém o semitom cromático e o diatônico?
7º) E na opinião dos físicos?
8º) Que são instrumentos temperados?
9º) Nos instrumentos temperados, quantas comas existem no semitom cromático e no diatônico?
10º) Que são instrumentos não temperados?

## DEVERES

1º) Indicar os semitons cromáticos e diatônicos.

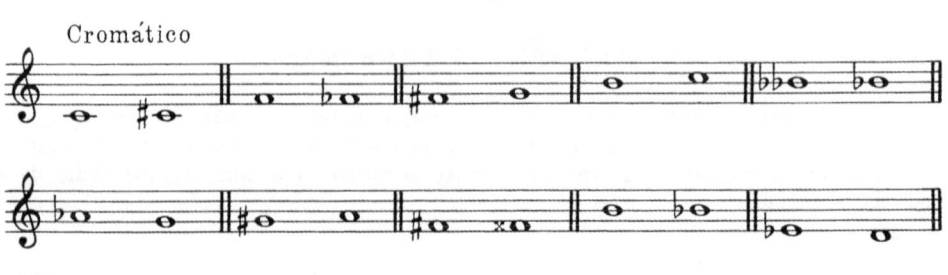

2º) Formar 2 semitons cromáticos e 2 diatônicos com as notas dadas abaixo.

Modelo:

## EXERCÍCIOS

(a)

(b)

(c)

3º) Formar os semitons cromáticos e diatônicos com a primeira nota já alterada.

Modelo:

## EXERCÍCIOS

(a)

(b)

(c)

## LEITURA MÉTRICA NA CLAVE DE FÁ, 4ª LINHA

**SOLFEJOS**

**SOLFEJO ACOMPANHADO**

108

## DITADO

Nos ditados desta aula, devem ser empregados semitons cromáticos e diatônicos.

# 23.ª LIÇÃO

| PLANO DE AULA | APROVEITAMENTO |
|---|---|
| 1º) Inversão de Intervalos ................... <br> 2º) Leitura Métrica ......................... <br> 3º) Solfejo . . ............................... <br> 4º) Ditado . . ................................ | Teoria _____ <br> Deveres _____ <br> L. Métrica _____ <br> Solfejo _____ <br> Ditado _____ |

## INVERSÃO DE INTERVALOS

Inverter um intervalo simples é passar a nota superior para uma 8ª abaixo ou a nota inferior para uma 8ª acima.

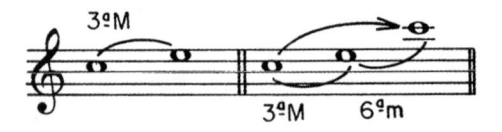

Ao inverter os intervalos, eles se transformam da seguinte maneira:

O intervalo de 2ª passa a ser de 7ª
O intervalo de 3ª passa a ser de 6ª
O intervalo de 4ª passa a ser de 5ª
O intervalo de 5ª passa a ser de 4ª
O intervalo de 6ª passa a ser de 3ª
O intervalo de 7ª passa a ser de 2ª.

Quando se inverte um intervalo, resulta também o seguinte:
Na inversão os intervalos maiores passam a ser menores.
Na inversão os intervalos menores passam a ser maiores.
Na inversão os intervalos aumentados passam a ser diminutos.
Na inversão os intervalos diminutos passam a ser aumentados.
Na inversão os intervalos justos permanecem justos.

Podemos usar o seguinte processo para encontrarmos a inversão dos intervalos: se o intervalo é de 3ª, por exemplo, subtrai-se o 3 do número 9, e acharemos assim, o intervalo de sua inversão, que será de 6ª.

O mesmo acontece com todos os intervalos simples, subtraindo-os do número 9

### SUBTRAÇÃO

| | | | | | | | | |
|---|---|---|---|---|---|---|---|---|
| Número 9 ................................. | 9 | 9 | 9 | 9 | 9 | 9 | 9 | 9 |
| Intervalos a inverter ..................... | 1ª | 2ª | 3ª | 4ª | 5ª | 6ª | 7ª | 8ª |
| Resultado dos intervalos invertidos ........ | 8ª | 7ª | 6ª | 5ª | 4ª | 3ª | 2ª | 1ª |

EXEMPLOS

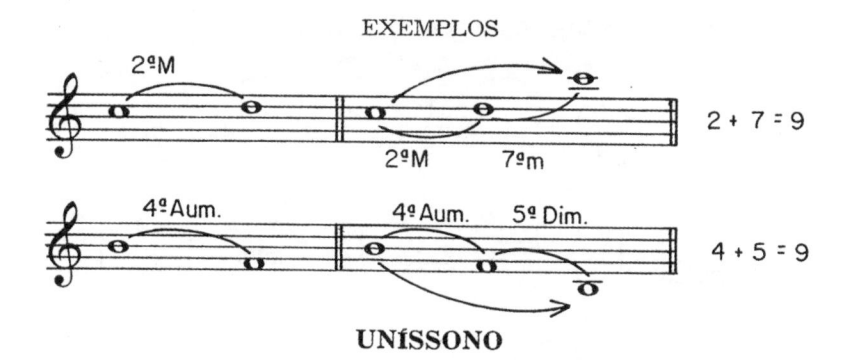

2ªM     2ªM    7ªm     2 + 7 = 9

4ªAum.    4ªAum.   5ª Dim.     4 + 5 = 9

## UNÍSSONO

UNÍSSONO — intervalo considerado nulo é formado por 2 sons idênticos. Chama-se também intervalo de 1ª justa.

*1ª justa*     *1ª justa*

(uníssono)    (uníssono)

## QUESTIONÁRIO

1º) Como inverter um intervalo?
2º) Qual o processo para encontrar a inversão dos intervalos?
3º) O intervalo de 2ª invertido, que intervalo resulta?
4º) E o de 3ª? E o de 5ª? E o de 7ª?
5º) Os intervalos maiores invertidos que intervalos passam a ser? E os menores?
6º) E os aumentados? E os diminutos? E os justos?
7º) O intervalo de 8ª justa invertido, que intervalo resulta?
8º) Que é uníssono?

## DEVERES

(a) Inverter e classificar os seguintes intervalos:

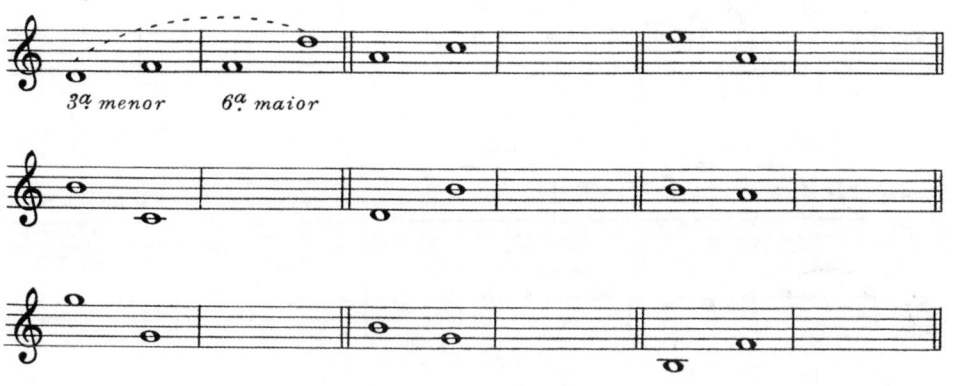

3ª menor    6ª maior

## LEITURA MÉTRICA NA CLAVE DE FÁ, 4ª LINHA

## SOLFEJOS

180.

## SOLFEJO ACOMPANHADO

181.

114

## DITADO

Ditados de acordo com os solfejos dados.

# 24.ª LIÇÃO

| PLANO DE AULA | APROVEITAMENTO |
|---|---|
| 1º) Modificação dos Intervalos Naturais ....... <br> 2º) Leitura Métrica .......................... <br> 3º) Solfejo . . ................................ <br> 4º) Ditado . . ................................ | Teoria_____ <br> Deveres_____ <br> L. Métrica_____ <br> Solfejo_____ <br> Ditado_____ |

## MODIFICAÇÃO DOS INTERVALOS

Os intervalos se modificam de acordo com os sinais de alteração que aparecem nas suas notas.

Os intervalos acrescidos de um semitom se modificam da seguinte maneira:

Os maiores tornam-se aumentados ...

Os menores tornam-se maiores .......

Os justos tornam-se aumentados .....

Os diminutos tornam-se justos ou menores, conforme o intervalo ........

116

Os intervalos diminuídos por um semitom modificam-se da seguinte maneira:

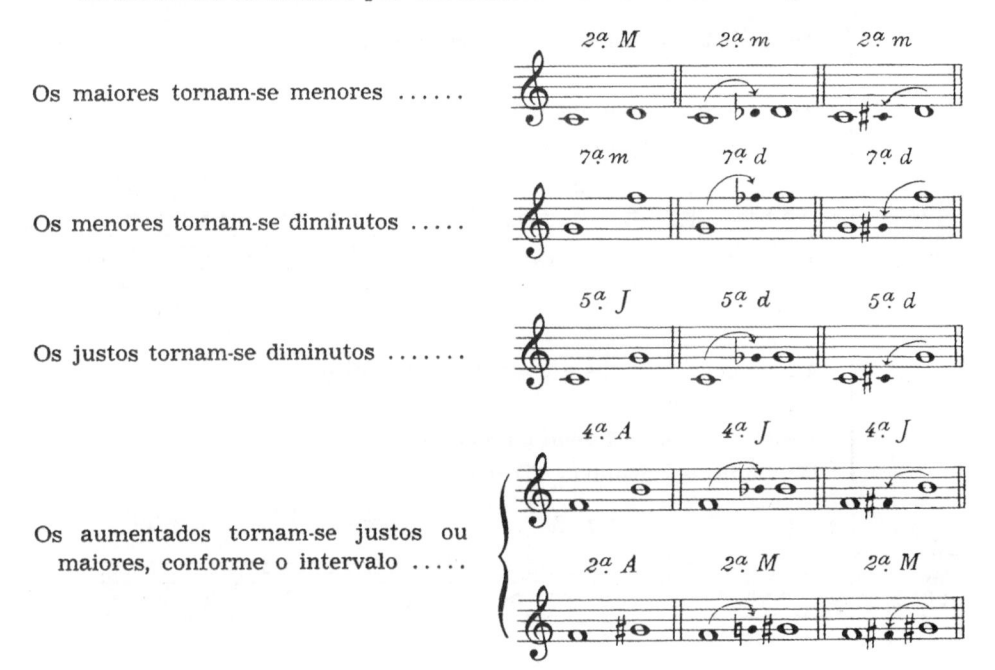

Os maiores tornam-se menores ......

Os menores tornam-se diminutos .....

Os justos tornam-se diminutos .......

Os aumentados tornam-se justos ou maiores, conforme o intervalo .....

a) O intervalo não varia de classificação quando ambas as notas têm iguais sinais de alteração.

b) O intervalo também pode ser modificado em ambas as notas, com alterações diferentes, mudando sua classificação, conforme a quantidade de semitons.

*diminuiu 2 semitons*

*aumentou 2 semitons*

O intervalo também pode ser modificado com ✕ e ♭♭.

c) Estes intervalos ao serem invertidos seguem as mesmas regras dos intervalos naturais, porém, a 8ª aumentada e a diminuta tornam-se semitons cromáticos.

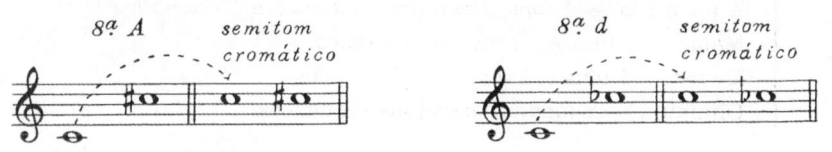

117

## TONS E SEMITONS CONTIDOS NOS INTERVALOS

2ª
- Aumentada — 1 tom e 1 semitom cromático
- Maior — 1 tom
- Menor — 1 semitom diatônico
- Diminuta — Intervalo nulo

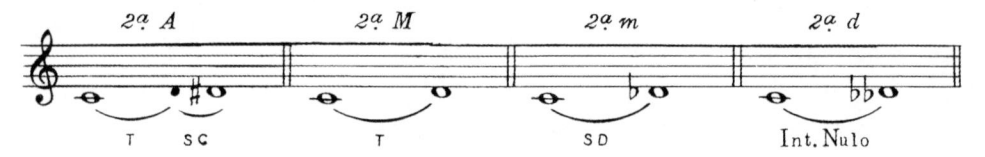

3ª
- Aumentada — 2 tons e 1 semitom cromático
- Maior — 2 tons
- Menor — 1 tom e 1 semitom diatônico
- Diminuta — 2 semitons diatônicos

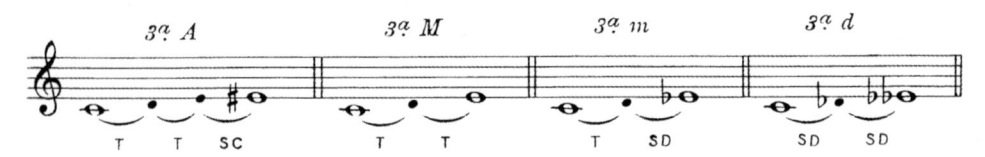

4ª
- Aumentada — 2 tons, 1 semitom diatônico e 1 cromático (3 tons)
- Justa — 2 tons e 1 semitom diatônico
- Diminuta — 1 tom e 2 semitons diatônicos

5ª
- Aumentada — 3 tons, 1 semitom diatônico e 1 cromático
- Justa — 3 tons e 1 semitom diatônico
- Diminuta — 2 tons e 2 semitons diatônicos

6ª
- Aumentada — 4 tons, 1 semiton diatônico e 1 cromático
- Maior — 4 tons e 1 semitom diatônico
- Menor — 3 tons e 2 semitons diatônicos
- Diminuta — 2 tons e 3 semitons diatônicos

*6ª aumentada*  *6ª Maior*  *6ª menor*

*6ª diminuta*

7ª
- Aumentada — 5 tons, 1 semitom diatônico e 1 cromático
- Maior — 5 tons e 1 semitom diatônico
- Menor — 4 tons e 2 semitons diatônicos
- Diminuta — 3 tons e 3 semitons diatônicos

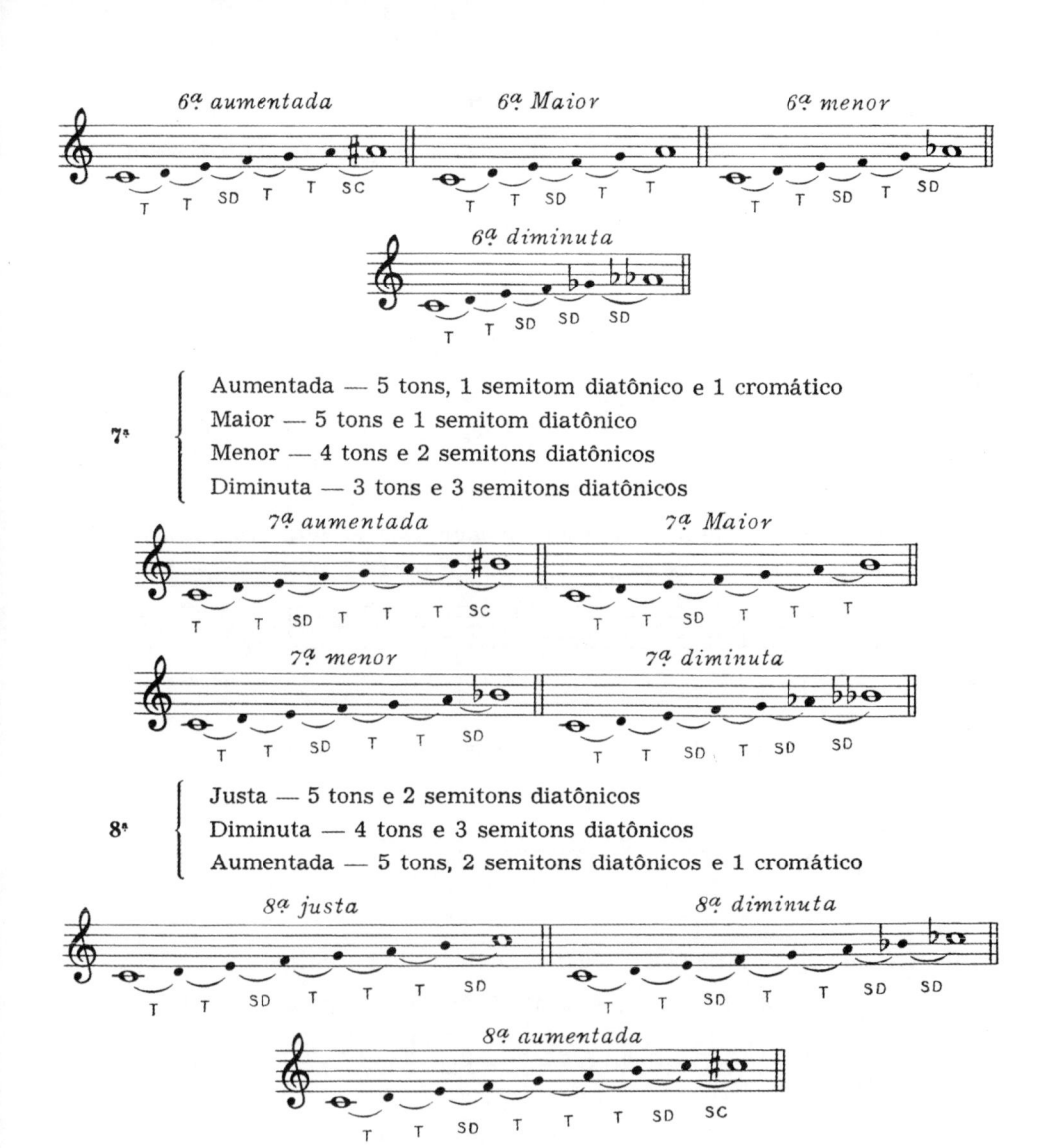

*7ª aumentada*  *7ª Maior*

*7ª menor*  *7ª diminuta*

8ª
- Justa — 5 tons e 2 semitons diatônicos
- Diminuta — 4 tons e 3 semitons diatônicos
- Aumentada — 5 tons, 2 semitons diatônicos e 1 cromático

*8ª justa*  *8ª diminuta*

*8ª aumentada*

## QUESTIONÁRIO

1º) Como se modificam os intervalos?
2º) Os intervalos maiores acrescidos de um semitom, que intervalos passam a ser?
3º) E os menores, diminuídos de um semitom?
4º) Os justos, diminuídos de um semitom?
5º) Os aumentados, diminuídos de um semitom?
6º) Os diminutos, acrescidos de um semitom?
7º) Quantos tons e semitons tem a 3ª aumentada?
8º) E a 3ª diminuta? E a 4ª aumentada? E a 4ª diminuta?
9º) E a 5ª aumentada? E a 5ª diminuta?
10º) E a 6ª aumentada? E a 6ª diminuta? E a 7ª diminuta?

## DEVERES

1º) Formar os intervalos abaixo, alterando a 2ª nota nos casos necessários. Com a nota RÉ, formar a 2ª maior, menor, aumentada e diminuta.

## MODELO

2ª M     2ª m     2ª A     2ª d

( Intervalo nulo )

*a)* Com a nota MI, formar a 3ª Maior, menor, Aumentada e diminuta.

3ª M     3ª m     3ª A     3ª d

*b)* Com a nota FÁ, formar a 4ª Justa, Aumentada e diminuta.

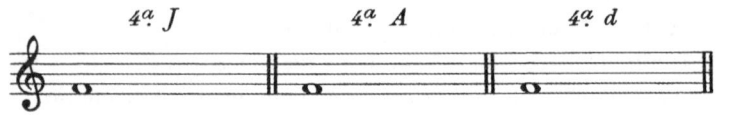

4ª J     4ª A     4ª d

*c)* Com a nota SOL, formar a 5ª Justa, Aumentada e diminuta.

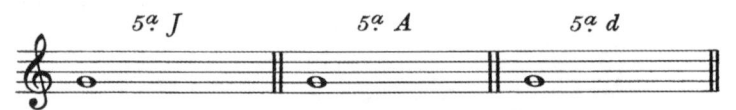

5ª J     5ª A     5ª d

*d)* Com a nota LÁ, formar a 6ª Maior, menor, Aumentada e diminuta.

6ª M     6ª m     6ª A     6ª d

*e)* Com a nota SI, formar a 7ª Maior, menor, Aumentada e diminuta.

7ª M     7ª m     7ª A     7ª d

2º) Classificar os seguintes intervalos:

3º) Classificar e inverter os seguintes intervalos:

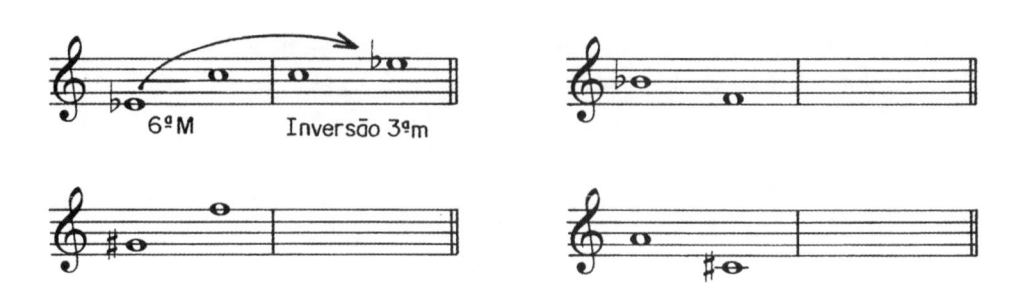

## LEITURA MÉTRICA NA CLAVE DE FÁ, 4ª LINHA

182.

**SOLFEJOS**

Moderato
186.
mf
f
mf
mf
cresc.

Moderato
187.
mf
f
p
mf
p
f

Allegretto
188.
mf
p
rall.
p

## SOLFEJO ACOMPANHADO

189.

## DITADO

Ditados de acordo com os solfejos dados.

## 25.ª LIÇÃO

| PLANO DE AULA | APROVEITAMENTO |
|---|---|
| 1º) Modos da Escala (Escalas Modelos) ....... | Teoria _____ |
| 2º) Escalas Menores Harmônica e Melódica .... | Deveres _____ |
| 3º) Leitura Métrica ......................... | L. Métrica _____ |
| 4º) Solfejo . . ............................. | Solfejo _____ |
| 5º) Ditado . . .............................. | Ditado _____ |

### MODOS DA ESCALA

MODO — é a maneira como estão distribuídos os tons e semitons na escala.

Esta distribuição pode ser feita de 2 formas: Modo Maior e Modo Menor.

Para o Modo Maior, toma-se como escala modelo a de DÓ M e para o Modo Menor a de LÁ menor.

Ambas são denominadas Escalas Diatônicas.

### MODO MAIOR

No Modo Maior, os intervalos de semitons são encontrados do III para o IV, e do VII para o VIII. Nos demais intervalos, a distância é de 1 tom.

**DÓ MAIOR** (Escala Modelo)

### MODO MENOR

No Modo Menor, os semitons encontram-se do II para o III e do V para VI. Entre os outros graus, a distância é de um tom.

**Escala de Lá menor** (*Forma primitiva*)

A Escala Menor tem 2 formas: Harmônica e Melódica.

ESCALA MENOR HARMÔNICA — nesta forma, tanto ascendente como descendente, o VII grau aparece elevado de um semitom, formando-se aí um semitom do VII para o VIII. Com esta alteração, teremos um intervalo de 1 tom e 1 semitom do VI para o VII grau, caracterizando, assim, a Escala Menor Harmônica.

Nesta forma, a distribuição dos tons e semitons é a seguinte:
Semitom — do II ao III, V ao VI e do VII ao VIII.
Tom e meio — do VI para o VII (2ª aumentada).
Os outros graus se separam por tom.

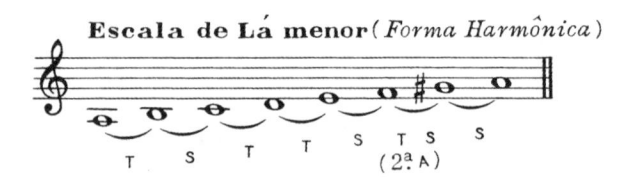

*Escala de Lá menor (Forma Harmônica)*

ESCALA MENOR MELÓDICA — nesta forma, a escala sobe e desce de maneiras diferentes.

Quando sobe, o VI e VII graus levam alterações ascendentes de um semitom, e quando desce, estas alterações desaparecem. A distribuição dos tons e semitons é a seguinte:

ASCENDENTE — Semitom — do II ao III e do VII ao VIII.
Entre os outros graus, os intervalos são de 1 tom.

DESCENDENTE — Semitom — do VI para o V e do III para o II.
Os outros intervalos são todos de 1 tom.

SUBTÔNICA — na Escala Melódica Descendente, o VII grau, em vez de Sensível, passa a chamar-se Subtônica, porque se distancia da Tônica de 1 tom.

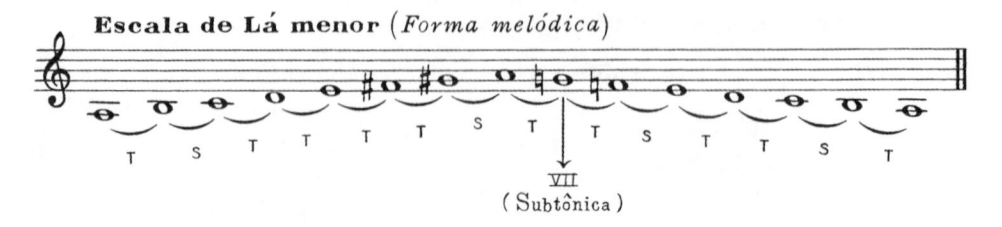

*Escala de Lá menor (Forma melódica)*

## QUESTIONÁRIO

1º) Que é Modo? Quantos Modos existem?
2º) Quais são as Escalas Modelos?
3º) Onde se encontram os tons e semitons no Modo Maior?
4º) Quantas formas tem a Escala Menor?
5º) Qual o grau que é alterado na Escala Menor Harmônica?
6º) Na forma Harmônica, onde se encontram os tons, semitons e a 2ª aumentada?
7º) Na Escala Melódica ascendente, em que graus estão as **alterações**? E onde se encontram os tons e semitons?
8º) Na forma Melódica Descendente, onde se encontram os tons e semitons?
9º) Qual o grau que se denomina Subtônica e porque tem **este** nome?

## DEVERES

a) Formar a Escala de Dó Maior e indicar os tons e semitons.
b) Formar a Escala de Lá Menor, forma primitiva e indicar os tons e semitons.
c) Formar a Escala de Lá Menor Harmônica, indicando os tons, semitons e a 2ª aumentada.
d) Formar a Escala de Lá Menor Melódica Ascendente e Descendente, indicando os tons, semitons e a Subtônica.

LEITURA MÉTRICA NA CLAVE DE FÁ, 4ª LINHA

**LÁ MENOR**

192.

**SOLFEJOS (LÁ menor)**

Allegretto

193.

Andantino

194.

Andante

195.

## SOLFEJO A 2 VOZES

## SOLFEJO ACOMPANHADO

199.

## DITADO

Os ditados poderão ser feitos no tom de Lá Menor.

# 26.ª LIÇÃO

| PLANO DE AULA | APROVEITAMENTO |
|---|---|
| 1º) Tetracorde .......................... | Teoria_____ |
| 2º) Reprodução das Escalas Maiores com Sustenidos .. ............................... | Deveres_____ |
| 3º) Armadura de Clave com Sustenidos ....... | L. Métrica_____ |
| 4º) Leitura Métrica ......................... | Solfejo_____ |
| 5º) Solfejo e Ditado ....................... | Ditado_____ |

## TETRACORDE

TETRACORDE — é o nome que se dá a cada grupo de 4 sons em que se divide a Escala Modelo de Dó Maior.

A palavra Tetracorde vem do grego: Tetra = 4 e Corde = corda.

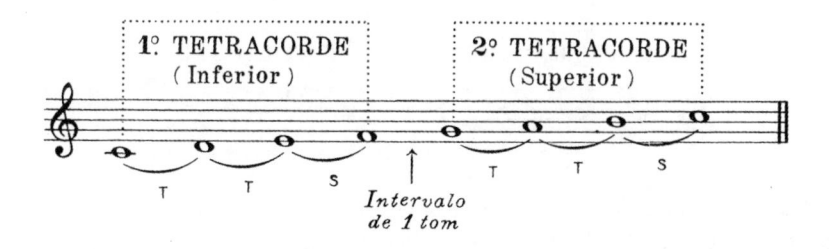

O 1º Tetracorde é chamado **Inferior**, por ser o mais grave, e o 2º, **Superior**, por ser o mais agudo.

Cada Tetracorde contém 2 tons e meio, na seguinte ordem: 1 tom, 1 tom e 1 semitom.

Entre um Tetracorde e outro, há o intervalo de 1 tom.

# REPRODUÇÃO DAS ESCALAS MAIORES
## (COM SUSTENIDOS)

É da Escala Modelo de Dó Maior, que se originam as outras escalas maiores. A primeira escala que aparece, é a de Sol Maior, porque o seu primeiro grupo de 4 sons é retirado do 2º Tetracorde da Escala de Dó Maior.

Logo após, coloca-se os 4 sons para o 2º Tetracorde, completando, assim, a nova escala, com 4 sons para cima.

*(Partitura: Escala Modelo (Dó M) — 1º Tetracorde (T T S) e 2º Tetracorde (T T S). Escala de Sol Maior — 1º Tetracorde de Sol Maior (T T S) retirado do 2º T de Dó Maior, e 2º Tetracorde (T S T) desigual na disposição dos T e S.)*

Como cada Tetracorde contém 2 tons e meio (1 tom, 1 tom e 1 semitom), nota-se que o 2º Tetracorde de Sol Maior, não está igual ao 1º, em relação à disposição dos intervalos.

Para igualar esta disposição, coloca-se um sustenido no VII grau, e teremos então, os dois Tetracordes iguais.

### ESCALA DE SOL MAIOR

*(Partitura: 1º TETRACORDE (T T S) e 2º TETRACORDE (T T S) com sustenido.)*

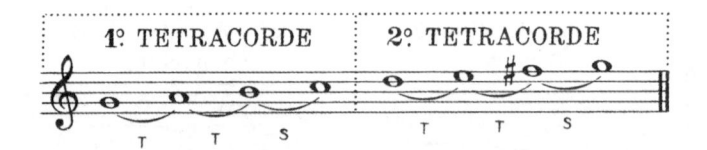

Observe-se que a Tônica da Escala de Sol Maior (SOL) é uma 5ª justa ascendente da Tônica da Escala de Dó Maior (DÓ).

O mesmo acontece na reprodução das novas escalas maiores com sustenidos, que se sucedem por 5ᵃˢ justas ascendentes.

Portanto, o 2º Tetracorde de cada escala que surge, será sempre igualado com a colocação de um novo sustenido no VII grau.

Com este processo, originam-se todas as escalas maiores com sustenidos.

## QUADRO DA REPRODUÇÃO DAS ESCALAS MAIORES
(COM SUSTENIDOS)

## ARMADURA DE CLAVE
(COM SUSTENIDOS)

ARMADURA DE CLAVE — é a quantidade de sustenidos e bemóis que se colocam no princípio da pauta, após a clave, para formação das escalas.

ARMADURA DE CLAVE COM SUSTENIDOS

Sol Maior    Ré Maior    Lá Maior

Mi Maior    Si Maior    Fá# Maior    Dó# Maior

### ORDEM DOS SUSTENIDOS

Conforme os sustenidos vão aparecendo na reprodução das escalas, vai-se formando, automaticamente, a **Ordem dos Sustenidos**: FÁ-DÓ-SOL-RÉ-LÁ-MI-SI.

Para se encontrar a tônica das escalas maiores com sustenidos, conta-se uma nota depois do último sustenido da armadura.

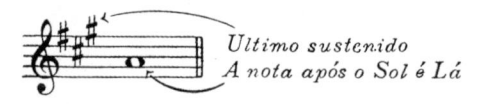

*Último sustenido*
*A nota após o Sol é Lá*

Os sustenidos também se sucedem por 5ªˢ justas ascendentes, a partir do Fá sustenido.

### QUESTIONÁRIO

1º) Que é Tetracorde?
2º) Qual o intervalo que separa um Tetracorde do outro?
3º) Qual a disposição dos tons e semitons de cada Tetracorde?
4º) Como se denomina o Tetracorde mais grave e o mais agudo?
5º) Como se forma a escala de Sol Maior?
6º) Porque se coloca um sustenido no VII grau?
7º) Nomeie todas as escalas maiores com sustenidos pela ordem de reprodução.
8º) Que é armadura de clave?
9º) Qual a ordem dos sustenidos?

### DEVERES

a) Da escala de Ré Maior, formar a escala de Lá Maior, separando os dois Tetracordes e assinalando os tons e semitons, conforme o modelo em Sol Maior.
b) Formar a escala de Si Maior, separando os dois Tetracordes, assinalando os tons e semitons e designando a sua escala anterior.
c) Formar as armaduras das seguintes escalas: Mi Maior, Dó# Maior, Ré Maior e Fá# Maior.

## LEITURA MÉTRICA NA CLAVE DE FÁ, 4ª LINHA

200.

**SOL MAIOR**
*Allegro*

**SOLFEJOS**

201.

**RÉ MAIOR**
*Allegro*

202.

## SOLFEJO ACOMPANHADO

203.

**NOVOS DITADOS EM SOL Maior e RÉ Maior**

# 27.ª LIÇÃO

| PLANO DE AULA | APROVEITAMENTO |
|---|---|
| 1º) Reprodução das Escalas Maiores com Bemóis | Teoria_____ |
| 2º) Armadura de Clave com Bemóis .......... | Deveres_____ |
| 3º) Leitura Métrica ......................... | L. Métrica_____ |
| 4º) Solfejo . . ............................. | Solfejo_____ |
| 5º) Ditado . . ............................. | Ditado_____ |

## REPRODUÇÃO DAS ESCALAS MAIORES
### (COM BEMÓIS)

É também da Escala Modelo de Dó Maior, que se originam as escalas maiores com bemóis.

Tomando-se o 1º Tetracorde da escala de Dó Maior, este passa a ser o 2º Tetracorde superior de uma nova escala. Completando com 4 sons para baixo o Tetracorde Inferior, teremos então a escala de Fá Maior, com Si♭.

A origem deste Si♭, se deve à necessidade de formar um intervalo de semitom entre o III e IV graus (LÁ e Si♭), ficando assim os dois Tetracordes iguais.

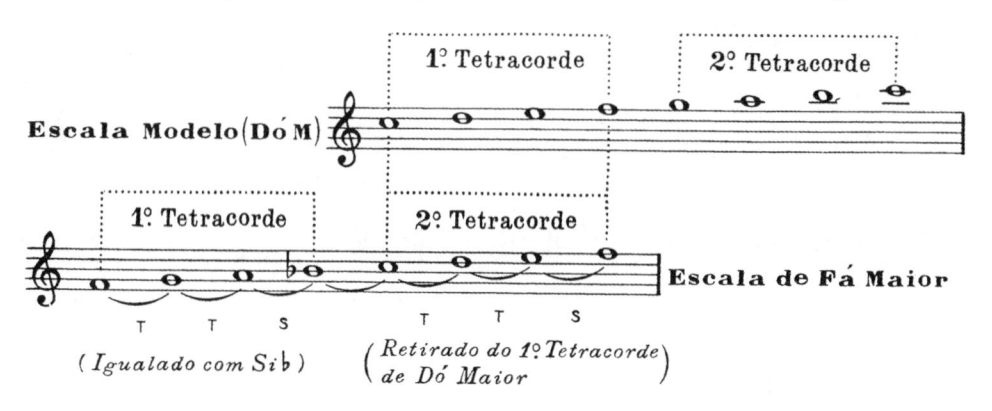

Emprega-se este processo para reprodução de todas as escalas maiores com bemóis.

Observe que a Tônica da Escala de Fá Maior (FÁ), é uma 5ª justa descendente da Tônica da Escala de Dó Maior (DÓ).

A sucessão das escalas maiores com bemóis é também por 5ªs justas descendentes.

O 1º Tetracorde de cada escala que surge será sempre igualado com a colocação de um novo bemol no IV grau.

## QUADRO DA REPRODUÇÃO DAS ESCALAS MAIORES
### (COM BEMÓIS)

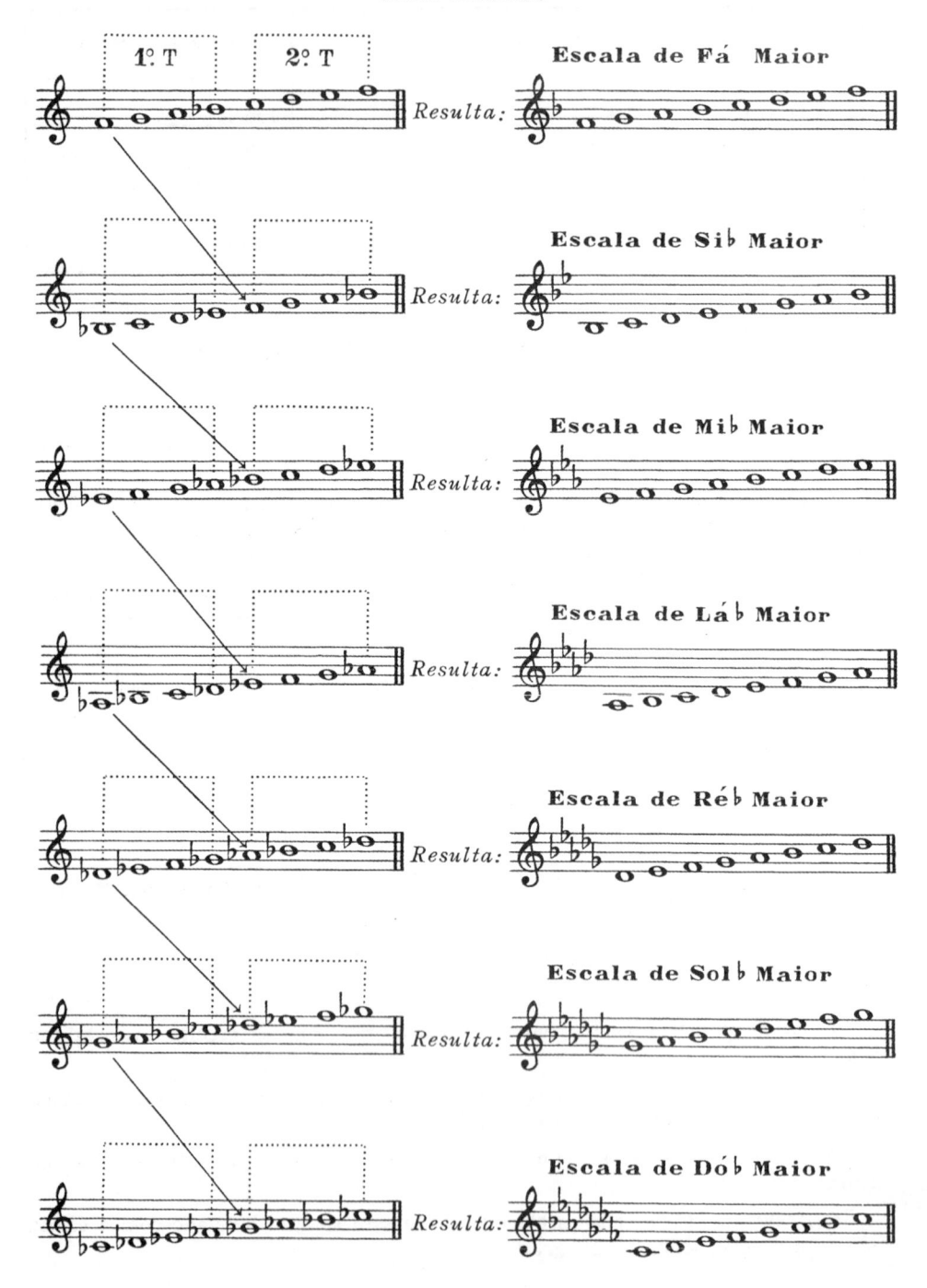

# ARMADURA DE CLAVE
## (COM BEMÓIS)

Pelo quadro anterior, pode-se observar a origem da ordem dos bemóis.

### ARMADURAS DE CLAVES COM BEMÓIS

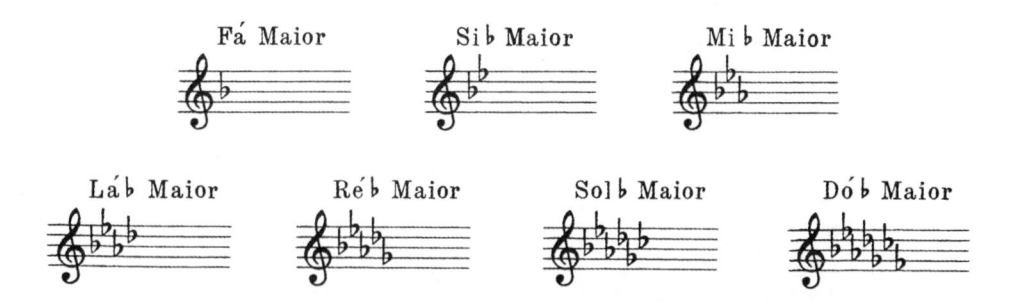

Fá Maior     Si♭ Maior     Mi♭ Maior

Lá♭ Maior     Ré♭ Maior     Sol♭ Maior     Dó♭ Maior

## ORDEM DOS BEMÓIS

Conforme os bemóis vão aparecendo na reprodução das escalas, vai-se formando, automaticamente, a **Ordem dos Bemóis**: SI-MI-LÁ-RÉ-SOL-DÓ-FÁ.

Para se encontrar a tônica das escalas com bemóis, conta-se 5 notas após o último bemol da armadura.

*Último bemol*
*5ª nota após Mi♭*

Outro processo: o penúltimo bemol será a tônica da escala, com exceção de Fá M, que só tem um bemol.

Os bemóis também se sucedem por 5.$^{as}$ justas descendentes, a partir do Si♭.

ALTERAÇÕES CONSTITUTIVAS — são as que pertencem à armadura de clave. Estas alterações prevalecem sobre as notas durante todo o trecho.

ALTERAÇÕES ACIDENTAIS OU OCORRENTES — são as que aparecem durante o trecho e seu efeito é somente dentro do compasso em que estão colocadas.

## QUESTIONÁRIO

1º) Como se forma a escala de Fá Maior?
2º) Porque se coloca um bemol no IV grau no Tetracorde inferior?
3º) Nomeie todas as escalas maiores com bemóis, pela ordem de reprodução.
4º) Qual a ordem dos bemóis?
5º) Quais as armaduras das seguintes escalas: Fá Maior, Si♭ Maior, Ré♭ Maior e Dó♭ Maior?

## DEVERES

a) Da escala de Si♭ Maior, formar a escala de Mi♭ Maior, separando os dois Tetracordes e assinalando os tons e semitons, conforme o modelo em Fá Maior.

b) Formar a escala de Ré♭ Maior, separando os dois Tetracordes, assinalando os tons e semitons e designando a sua escala anterior.

c) Formar as escalas correspondentes às seguintes armaduras: 3 bemóis, 2 bemóis, 5 bemóis, 1 bemol e 7 bemóis.

LEITURA MÉTRICA NA CLAVE DE FÁ, 4ª LINHA

SOLFEJOS

**SIb MAIOR**

207. Allegro

**SOLFEJO A 2 VOZES**

208. Allegretto

**SOLFEJO ACOMPANHADO**

209. Andante

**DITADO**

Sugerimos novos ditados nos tons de Fá Maior, Si♭ e Mi♭ Maior.

## 28.ª LIÇÃO

| PLANO DE AULA | APROVEITAMENTO |
|---|---|
| 1º) Escalas Relativas .......................... | Teoria Musical_____ |
| 2º) Leitura Métrica .......................... | Deveres_____ |
| 3º) Solfejo . . ............................... | L. Métrica_____ |
| 4º) Ditado . . ............................... | Solfejo_____ |
| | Ditado_____ |

## ESCALAS RELATIVAS

Dizem-se relativas as escalas que têm a mesma armadura de clave, porém modos diferentes.

Qualquer escala maior tem sua relativa menor e vice-versa.

Encontra-se a relativa menor (Harmônica e Melódica) uma 3ª menor abaixo da Tônica de sua relativa maior.

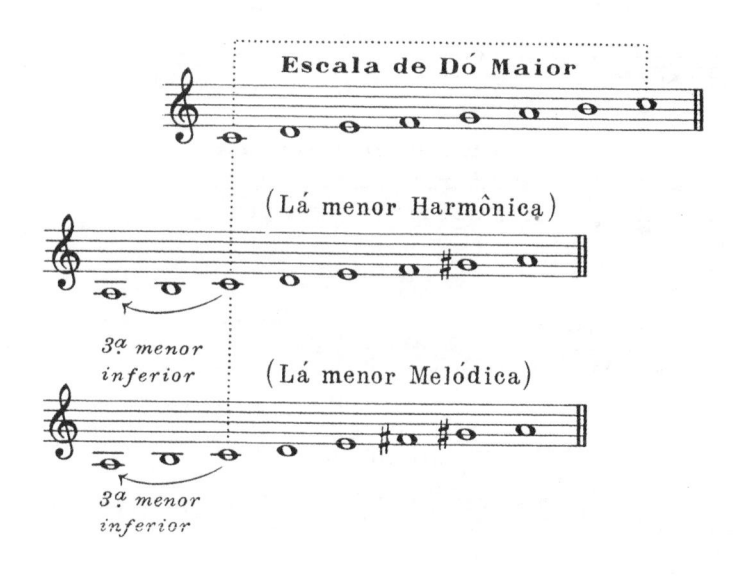

Para se encontrar a escala relativa de um tom menor, o processo é ao contrário: forma-se uma 3ª **menor superior,** partindo da Tônica de sua relativa menor.

Este processo é para todas as escalas maiores e menores.

## REPRODUÇÃO DAS ESCALAS MENORES

As escalas menores também se reproduzem como as maiores: com sustenidos, por 5ªˢ justas ascendentes e com bemóis, por 5ªˢ justas descendentes, a partir da Tônica de Lá Menor (Escala Modelo).

## QUADRO DAS ESCALAS MAIORES E SUAS RELATIVAS MENORES NAS DUAS FORMAS

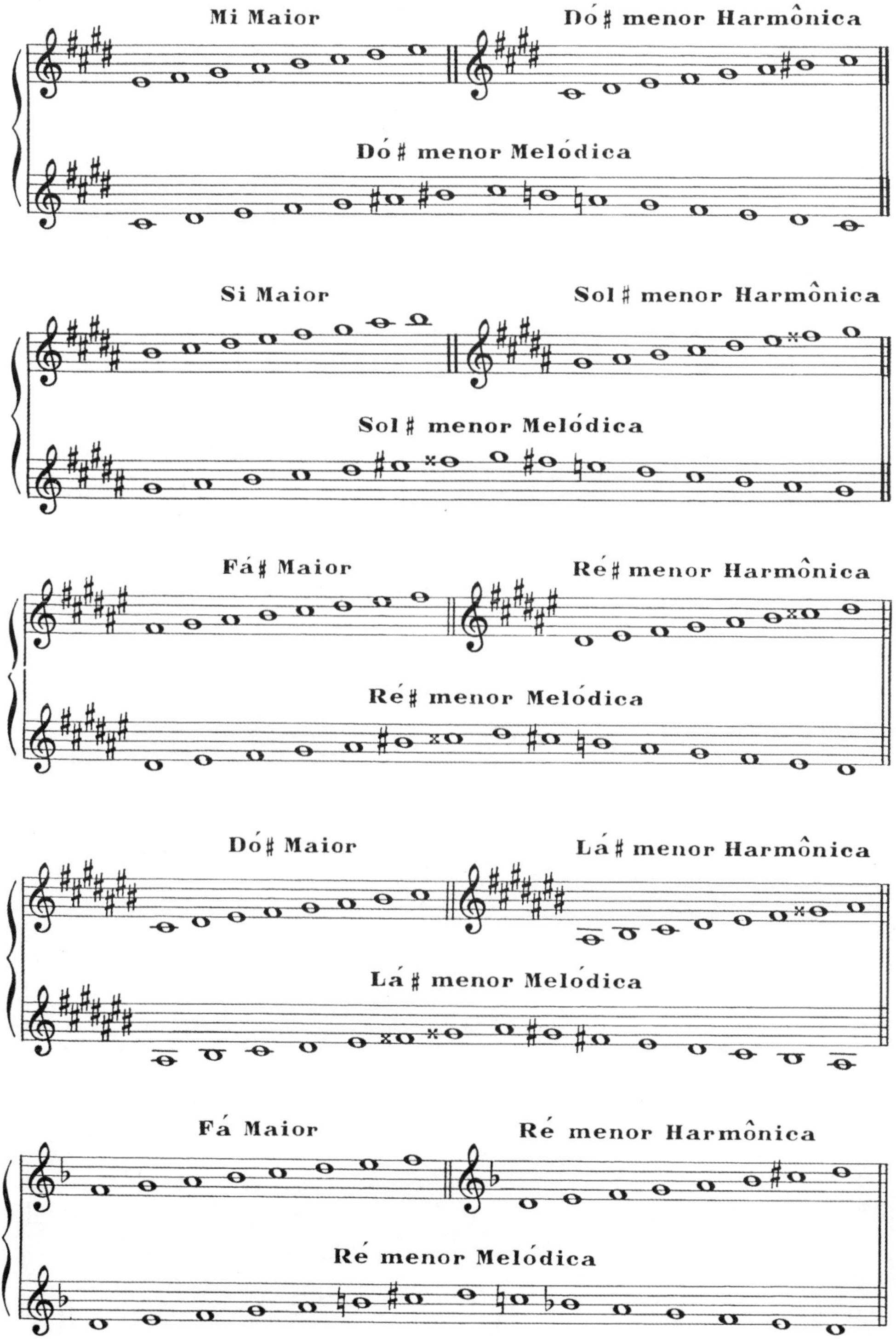
Mi Maior
Dó♯ menor Harmônica
Dó♯ menor Melódica
Si Maior
Sol♯ menor Harmônica
Sol♯ menor Melódica
Fá♯ Maior
Ré♯ menor Harmônica
Ré♯ menor Melódica
Dó♯ Maior
Lá♯ menor Harmônica
Lá♯ menor Melódica
Fá Maior
Ré menor Harmônica
Ré menor Melódica

Si♭ Maior — Sol menor Harmônica

Sol menor Melódica

Mi♭ Maior — Dó menor Harmônica

Dó menor Melódica

Lá♭ Maior — Fá menor Harmônica

Fá menor Melódica

Ré♭ Maior — Si♭ menor Harmônica

Si♭ menor Melódica

Sol♭ Maior — Mi♭ menor Harmônica

Mi♭ menor Melódica

## QUESTIONÁRIO

1º) Que são escalas relativas?
2º) Como se encontra a escala menor de sua relativa maior?
3º) Como se encontra a escala maior de sua relativa menor?
4º) Como se reproduzem as escalas menores com sustenidos?
5º) E as de bemóis?
6º) Quais as escalas relativas de: LÁ M, Mi♭ M, FÁ M e Dó♭ M?
7º) Quais as escalas relativas de: FÁ m, Dó♯ m, Si♭ m e Si m?
8º) Quais são as alterações no VI e VII graus da escala de Ré menor Melódica ascendente e descendente?

## DEVERES

a) Formar as escalas de Sol M, MI♭ M, LÁ M, FÁ M e as relativas nas duas formas.

b) Formar a escala de Ré Maior e sua relativa nas duas formas, indicando em qual destas escalas se encontra o intervalo de 2ª aumentada, o grau da Subtônica e assinalando os tons e semitons.

## MODELO

Outros tons deverão ser pedidos, segundo modelo acima, para perfeita aprendizagem das escalas.

## LEITURA MÉTRICA NA CLAVE DE FÁ, 4ª LINHA

**SOL MAIOR**

210.

**MI MENOR**

211.

**RÉ MENOR**

212.

**SOLFEJOS**

MI MENOR
Allegretto

213.

FÁ MAIOR
All.tto

214.

RÉ MENOR
Moderato

215.

## SOLFEJO ACOMPANHADO A 2 VOZES

216.

## DITADO

Ditados nos tons dos solfejos

## 29.ª LIÇÃO

| PLANO DE AULA | APROVEITAMENTO |
|---|---|
| 1º) Escalas Homônimas .................. | Teoria _____ |
| 2º) Graus Modais e Tonais ............. | Deveres _____ |
| 3º) Leitura Métrica ..................... | L. Métrica _____ |
| 4º) Solfejo .............................. | Solfejo _____ |
| 5º) Ditado ............................... | Ditado _____ |

### ESCALAS HOMÔNIMAS

ESCALAS HOMÔNIMAS — são as que têm a mesma tônica e modos diferentes. Ex.: Dó Maior e Dó Menor, Ré Maior e Ré Menor, Si♭ Maior e Si♭ Menor, etc.

**Dó Maior**

**Dó menor**

Entre duas escalas homônimas, que têm alterações da mesma espécie, há uma diferença de 3 alterações a mais ou a menos, na armadura de Clave.

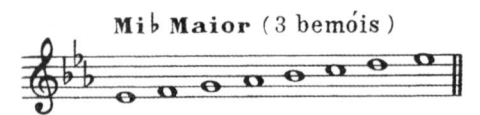

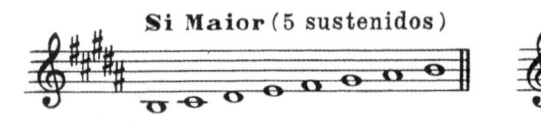

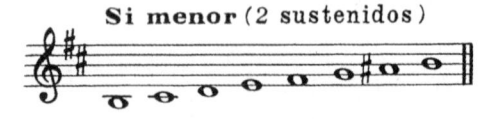

**Mi♭ Maior (3 bemóis)**

**Mi♭ menor (6 bemóis)**

**Si Maior (5 sustenidos)**

**Si menor (2 sustenidos)**

Quando as armaduras são de alterações diferentes, somam-se as alterações de ambas, e o resultado será 3.

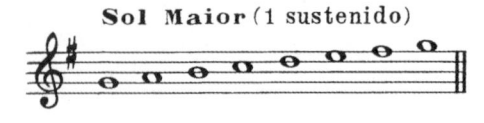

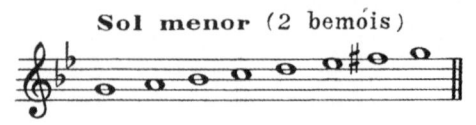

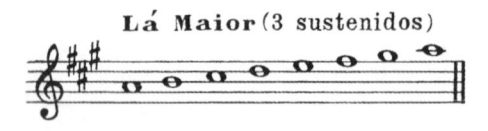

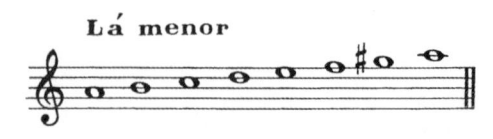

**Sol Maior (1 sustenido)**

**Sol menor (2 bemóis)**

**Lá Maior (3 sustenidos)**

**Lá menor**

## GRAUS MODAIS

São chamados **Graus Modais,** o III e VI graus dos tons maiores e menores, porque os intervalos que eles formam com a tônica caracterizam os **Modos**.

No Modo Maior, do I ao III graus, forma-se uma 3ª Maior, e do I ao VI graus, uma 6ª maior.

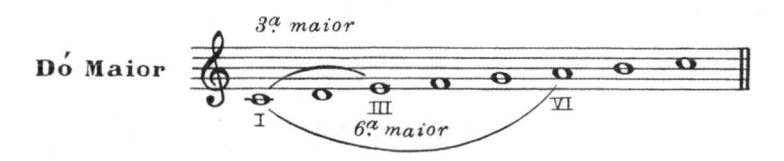

*(exemplo musical: Dó Maior — 3ª maior do I ao III, 6ª maior do I ao VI)*

No Modo Menor, na forma Harmônica, do I ao III graus, forma-se uma 3ª menor e do I ao VI, uma 6ª menor.

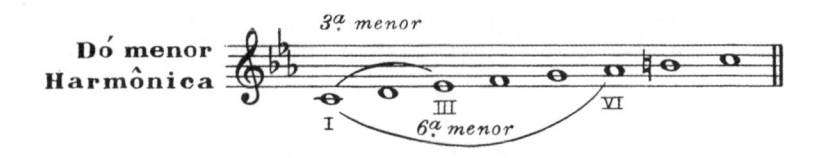

*(exemplo musical: Dó menor Harmônica — 3ª menor do I ao III, 6ª menor do I ao VI)*

Na forma Melódica ascendente, do I ao III graus forma-se também uma 3ª menor, mas do I ao VI a **6ª é maior.**

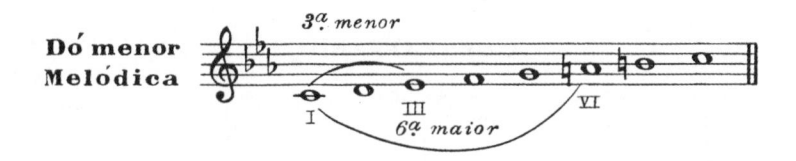

*(exemplo musical: Dó menor Melódica — 3ª menor do I ao III, 6ª maior do I ao VI)*

Pelo exposto acima, tanto na forma Harmônica como na Melódica ascendente, o III grau não varia, forma sempre com a Tônica uma 3ª menor e o VI grau é **variável,** pois na forma Harmônica ele forma uma 6ª menor, e na Melódica ascendente uma 6ª maior.

Por isso, o III grau chama-se **Modal Invariável,** e o VI grau **Modal Variável.**

O III grau é o que caracteriza claramente o modo.

## GRAUS TONAIS

GRAUS TONAIS — são o I (Tônica), o IV (Subdominante) e o V (Dominante). São eles os principais graus da escala e que caracterizam o Tom.

## TRÍADE TONAL

Estes três graus (I, IV e V) denominam-se **Tríade Tonal**.

## TRÍADE HARMÔNICA

Os acordes formados sobre estes três graus chamam-se **Acordes Tonais** ou **Tríade Harmônica**.

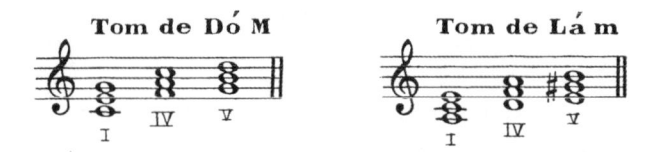

## QUESTIONÁRIO

1º) Que são escalas Homônimas?

2º) Que são Graus Modais?

3º) No modo maior, os graus modais III e VI que intervalos formam com a Tônica?

4º) E na Harmônica? E na Melódica?

5º) Qual o grau que se denomina Modal Invariável, e qual o Modal Variável?

6º) Qual o grau modal que mais caracteriza o modo?

7º) Que são Graus Tonais?

8º) Como se denomina os três Graus Tonais?

## DEVERES

a) Dar os tons homônimos de: Sol M, Si M, Lá M, Fá m, Dó♯ m e Mi♭ M.
b) Indicar os graus modais na escala Homônima de Mi M nas duas formas.
c) Formar a escala Homônima de Fá M nas duas formas, indicando o Grau Modal Invariável e o Variável.
d) Indicar os graus tonais das escalas de RÉ M, Mi m e Si m.

LEITURA MÉTRICA NA CLAVE DE SOL

217. SOL MAIOR

LEITURA MÉTRICA NA CLAVE DE FÁ, 4ª LINHA

218. RÉ MENOR

**SOLFEJOS**

**FÁ MENOR**
Allegro

222.

**SOLFEJO ACOMPANHADO**
Andantino

223.

## DITADO

Ditados baseados nos solfejos desta aula.

# 30.ª LIÇÃO

| PLANO DE AULA | APROVEITAMENTO |
|---|---|
| 1º) Como conhecer o tom de um trecho musical | Teoria_____ |
| 2º) Leitura Métrica ........................ | Deveres\_\_\_\_\_ |
| 3º) Solfejo . . ........................... | L. Métrica\_\_\_\_ |
| 4º) Ditado . . ............................ | Solfejo_____ |
| | Ditado_____ |

## COMO CONHECER O TOM DE UM TRECHO MUSICAL

Podemos conhecer o tom de um trecho musical da seguinte maneira:

1º) **Pela armadura de clave.**

Se observarmos a armadura de clave, já sabemos, de pronto, quais são os dois tons que ela indica: o maior ou o seu relativo menor.

2º) **O V grau alterado no Tom Maior.**

Se o V grau do Tom Maior (Dominante) tiver uma alteração ascendente, o tom será o seu relativo menor.

O V grau alterado de Dó M passa a ser o VII, (Sensível) do relativo menor.

### V GRAU NÃO ALTERADO

O trecho acima está escrito em Dó M, visto o V grau não estar alterado, nem no princípio nem no final.

## V GRAU ALTERADO

O trecho acima está escrito em Lá m, visto o V grau de Dó M ter uma alteração ascendente, principalmente no final do trecho.

3º) **Trecho com modulação.**

Cumpre notar também que muitas vezes, durante o trecho, há modulação (que é a passagem de um tom para outro); neste caso, deve-se observar se no princípio e no final do trecho o V grau está ou não alterado, a fim de caracterizar o tom.

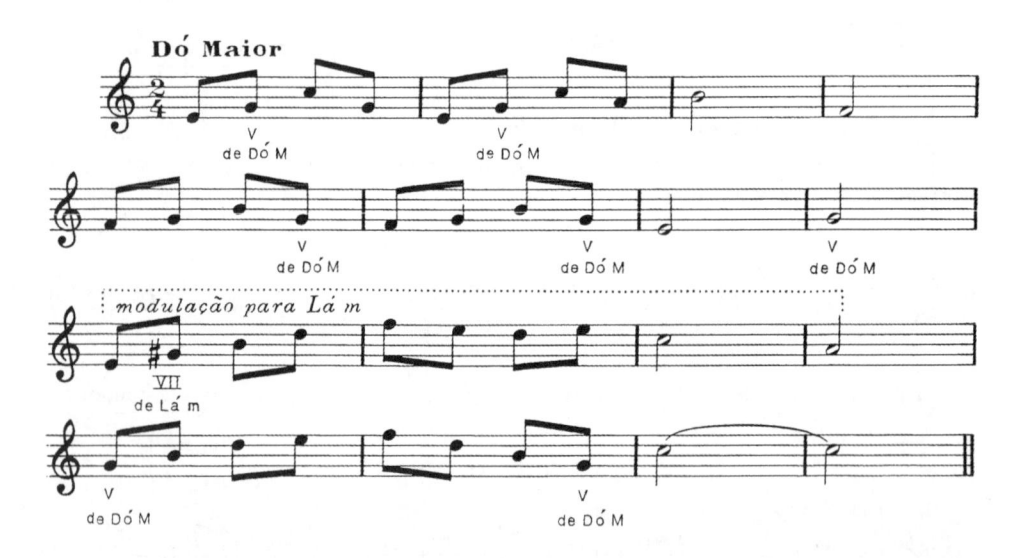

O exemplo acima está em Dó M, mas no decorrer do trecho há uma modulação para Lá m, onde o V grau de Dó M foi alterado. No final, o V grau volta sem alteração, confirmando o tom de Dó M.

4º) **Pelo sentido musical e nota final.**

Às vezes, também, o V grau não é alterado ou não aparece, mas pelo sentido musical e pela nota final (Tônica) confirma o tom menor.

[Lá menor — partitura]

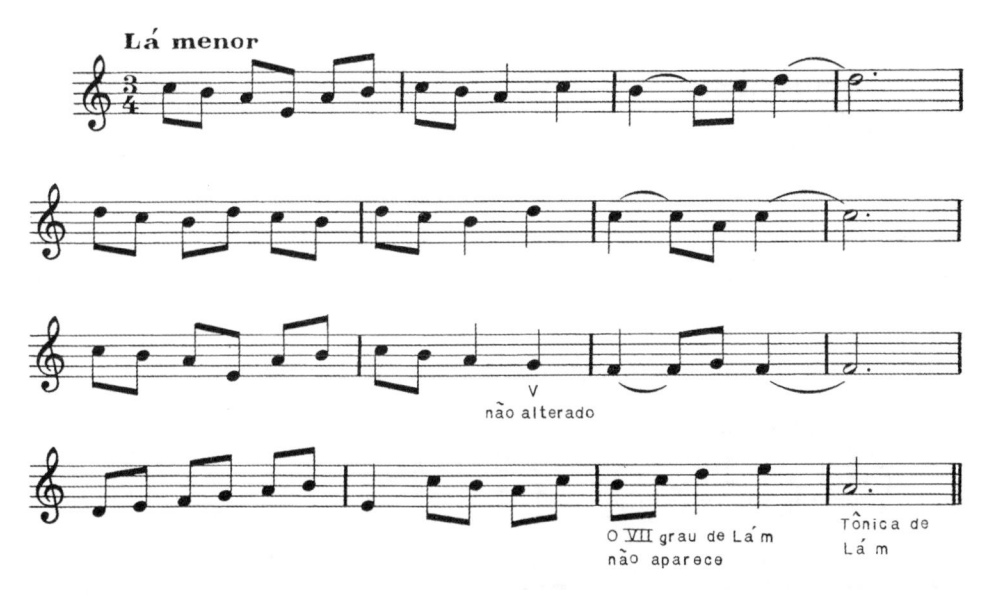

Geralmente nas canções populares, a última nota é a tônica do tom, isto por se tratar de melodias simples, mas não é uma regra segura, pois nem sempre se termina uma melodia com a Tônica do tom.

## OUTROS EXEMPLOS
### V GRAU NÃO ALTERADO (Tom de SOL M)

No trecho abaixo, o V grau (RÉ) não sofre alteração ascendente; portanto, é SOL MAIOR.

[Sol Maior — partitura]

### V GRAU ALTERADO (Tom de Mi m)

O trecho abaixo também só traz na armadura um sustenido; porém, como o V grau de SOL M (RÉ), tem alteração ascendente no princípio e no fim, o tom é de Mi m.

[Mi menor — partitura]

## V GRAU NÃO ALTERADO (Tom de Si♭ M)

**Si♭ Maior**

## V GRAU ALTERADO (Tom de Sol m)

**Sol menor**

## QUESTIONÁRIO

1º) Como podemos conhecer o tom de um trecho musical?
2º) Se o V grau de um tom maior não estiver alterado ascendentemente, o tom é maior ou seu relativo menor?
3º) O V grau com alteração ascendente no tom maior, que grau passa a ser no seu relativo menor?
4º) Uma modulação durante o trecho, altera o tom em que ele foi escrito?
5º) A Tônica no final do trecho confirma o tom?

## DEVERES

Indicar os tons dos seguintes trechos:

a)

b)

c)

LEITURA MÉTRICA NA CLAVE DE SOL

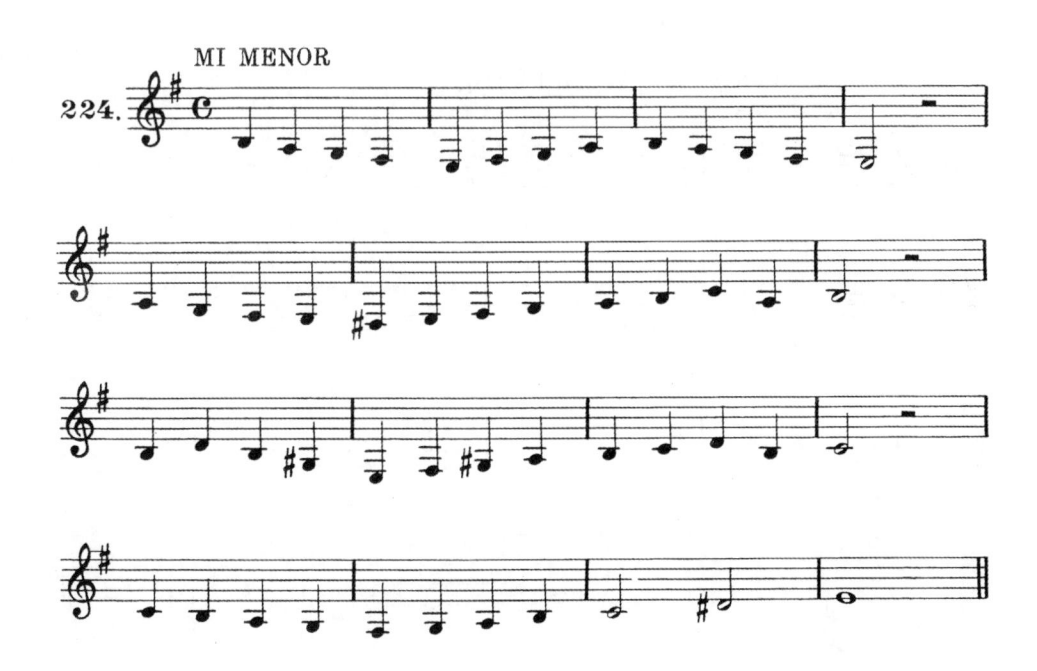

MI MENOR

224.

LEITURA MÉTRICA NA CLAVE DE FÁ, 4ª LINHA

225. FÁ MAIOR

226. RÉ MAIOR — Allegro — SOLFEJOS

MI MENOR

**Moderato**

227.

SI♭ MAIOR

**Allegretto**

228.

SOL MENOR

**Allegro**

229.

## SOLFEJO ACOMPANHADO

230.

## DITADO

Os ditados poderão ser feitos nos tons dos solfejos desta aula.

## 31.ª LIÇÃO

| PLANO DE AULA | APROVEITAMENTO |
|---|---|
| 1º) Linha de 8ª .......................... | Teoria _____ |
| 2º) Sinais de repetição .................. | Deveres _____ |
| 3º) Leitura Métrica ..................... | L. Métrica _____ |
| 4º) Solfejo . . ........................... | Solfejo _____ |
| 5º) Ditado . . ............................ | Ditado _____ |

## LINHA DE 8.ª

Para facilitar a leitura das notas escritas nas linhas suplementares superiores e inferiores, emprega-se a **Linha de 8ª**, indicando que estas notas devem ser executadas uma 8ª acima ou abaixo.

Uma pequena linha vertical é colocada após a Linha de 8ª, na última nota das que devem ser «oitavadas», indicando que as outras, depois desta linha, são executadas no próprio lugar. Usam-se também as palavras italianas «in loco» (no lugar).

A Linha de 8ª pode ser usada em qualquer clave.

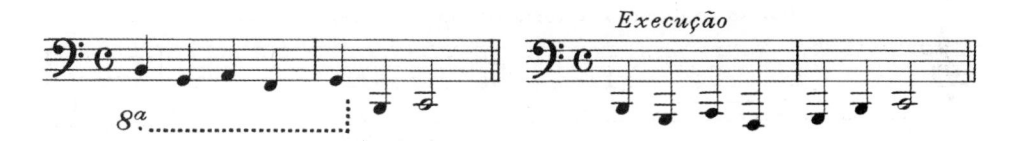

## SINAIS DE REPETIÇÃO

SINAIS DE REPETIÇÃO — são sinais que determinam a repetição de um trecho musical, ou a repetição completa desde o princípio.

Os sinais de repetição são os seguintes:

RITORNELLO — é um travessão com dois pontos, sendo um acima e outro abaixo da 3ª linha, indicando que o trecho deve ser tocado duas vezes.

Ritornello Simples

Quando numa peça se deseja repetir apenas um trecho, e este se encontra no princípio, no meio ou no fim, haverá dois **Ritornellos**, nos quais os pontos do primeiro se encontram à direita das barras duplas, e os do segundo à esquerda. O trecho compreendido entre os dois **Ritornellos** deve ser repetido.

No Princípio

*FIM.*

Quando há dois Ritornellos, chama-se Ritornello Duplo.

No Meio

*FIM.*

No Fim

*FIM.*

Usa-se também o Ritornello para repetir 2 trechos

*FIM.*

**EXPRESSÕES 1ª E 2ª VEZ** — se um trecho da música é repetido, mas com terminação diferente, usa-se indicar por meio de duas **chaves** com as expressões **1ª vez** para a repetição e **2ª vez** para finalizar.

**DA CAPO** — palavras italianas, quase sempre representadas pelas iniciais D.C.; significam que se deve voltar ao princípio.

DA CAPO AO FIM — também se usa esta expressão para repetir um trecho até encontrar a palavra Fim.

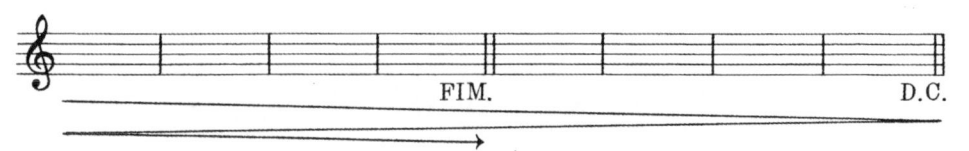

AL SEGNO (𝄋) AL FINE — indica que se deve voltar onde estiver o sinal 𝄋 e daí até o Fim.

SINAL DE SALTO ⊕ — indica que o trecho colocado entre dois destes sinais não é executado na repetição.

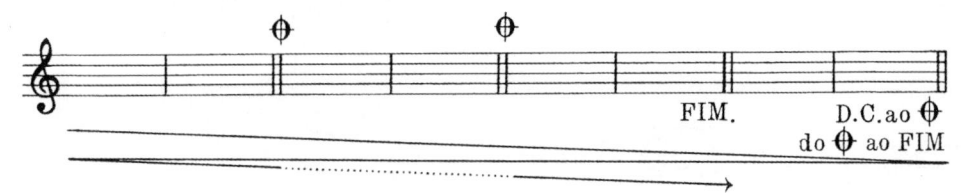

## QUESTIONÁRIO

1°) Para que serve a Linha de 8ª?
2°) Quando existe a Linha de 8ª acima, como devem ser executadas as notas? E as de 8ª abaixo?
3°) A linha de 8ª pode ser usada em qualquer clave?
4°) Que são sinais de repetição?
5°) Que é Ritornello?
6°) Para que servem as expressões: 1ª e 2ª vez?
7°) Qual o efeito do DA CAPO?
8°) Para que servem os sinais Al Segno 𝄋 e o de Salto ⊕?

## DEVERES

Continuar com novos exercícios das matérias das aulas anteriores para recapitulação e prática.

### LEITURA MÉTRICA NA CLAVE DE FÁ, 4ª LINHA

231. DÓ MENOR

**SOLFEJOS**

232. LÁ MENOR

233. SOL MAIOR
Allegro

234. RÉ MAIOR
Allegretto

FIM.

D.C. ao FIM

RÉ MENOR

**Moderato**

235.

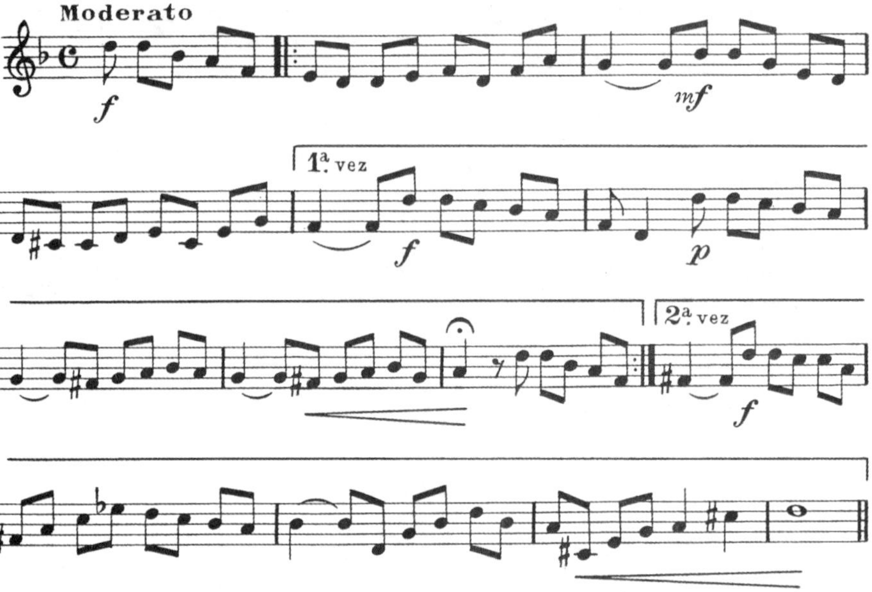


SOL MENOR

**Allegro**

236.

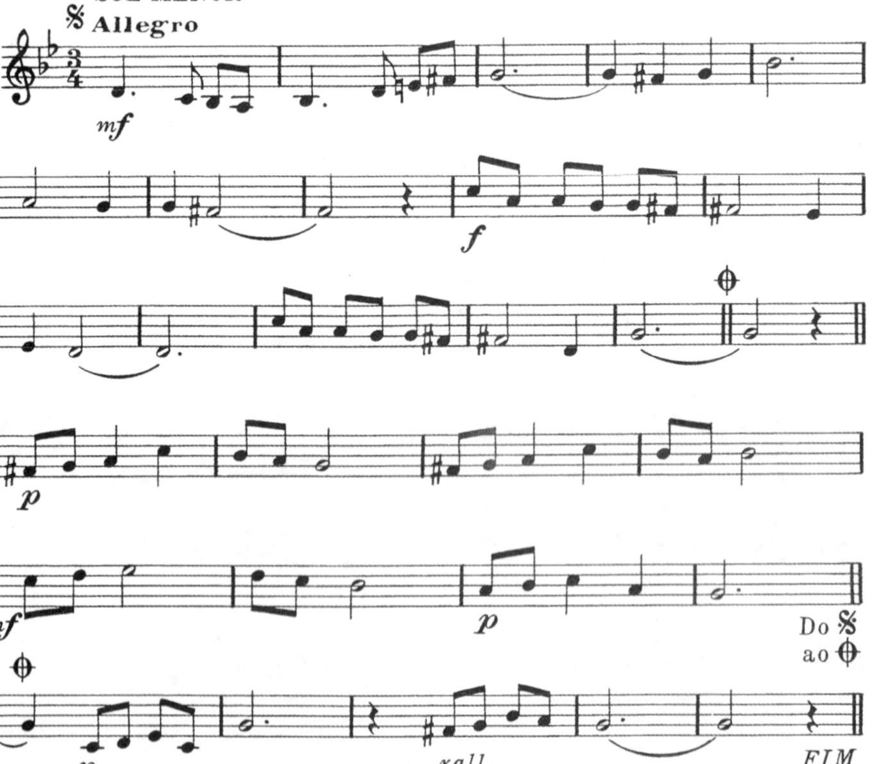

## SOLFEJO ACOMPANHADO

237.

## DITADO

Ditados em ritmos e tons variados

## 32.ª LIÇÃO

| PLANO DE AULA | APROVEITAMENTO |
|---|---|
| 1º) Intervalos Simples e Compostos .......... | Teoria _____ |
| 2º) Intervalos Melódicos e Harmônicos ........ | Deveres _____ |
| 3º) Intervalos Consonantes e Dissonantes ...... | L. Métrica _____ |
| 4º) Intervalos Diatônicos e Cromáticos ........ | Solfejo _____ |
| 5º) L. Métrica, Solfejo e Ditado ............... | Ditado _____ |

### INTERVALOS SIMPLES E COMPOSTOS

INTERVALOS SIMPLES — como já foi explicado, são os situados dentro do limite da 8ª.

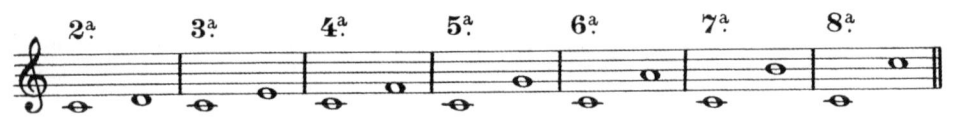

INTERVALOS COMPOSTOS — são os que ultrapassam o limite da 8ª.

Os intervalos compostos também podem ser Superiores e Inferiores. Superiores quando a primeira nota é mais grave que a segunda, e Inferiores quando a primeira nota é mais aguda.

### CLASSIFICAÇÃO DO INTERVALO COMPOSTO

O Intervalo Composto é formado de um intervalo simples, acrescido de uma ou mais oitavas.

Intervalo Composto
10ª
3ª maior
(Int. Simples)

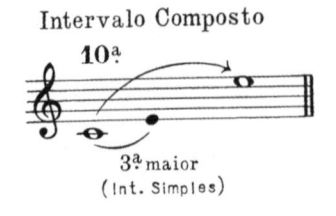

Intervalo Composto
17ª
3ª maior
(Int. Simples)

A classificação do intervalo composto é a mesma do intervalo simples nele contido. Se o intervalo simples é maior, o intervalo composto será também maior, se é justo será justo, e assim por diante.

Para encontrar esta classificação, aproximam-se as duas notas até encontrar o intervalo simples.

Somando o número 7 para cada 8ª, e somando-o com o número do intervalo simples, obtém-se a classificação do intervalo composto.

Se há somente uma 8ª, como no exemplo abaixo, soma-se 7 com 3 (do intervalo simples de 3ª maior).

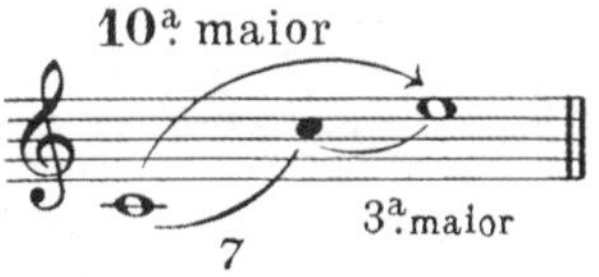

Resultado: 7 + 3 = 10. O intervalo será de 10ª maior.

Se há duas 8ªˢ, soma-se 7 + 7 + 3 = 17ª menor, como no exemplo abaixo.

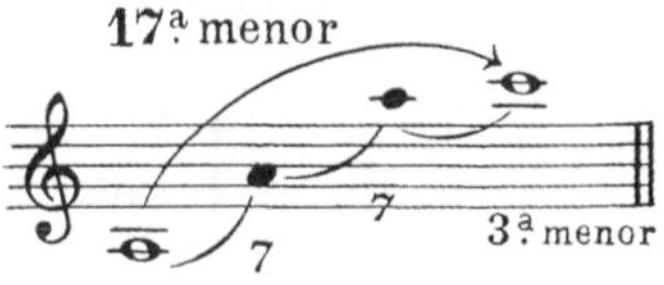

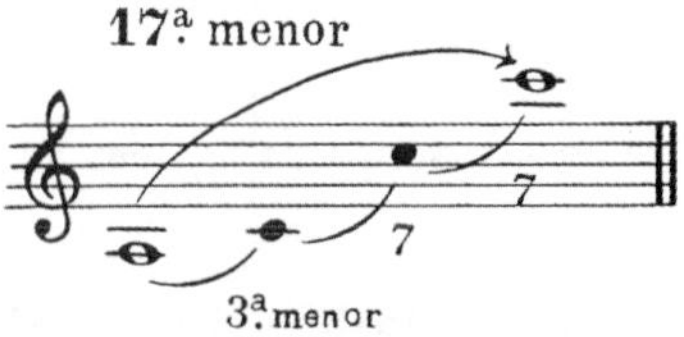

Quando a primeira nota do intervalo é repetida em duas 8ªˢ, conta-se 7 numa e 8 na outra, porque dentro deste intervalo composto há um intervalo simples de 8ª.

Resultado: 7 + 8 = 15 (Intervalo de 15ª Justa).

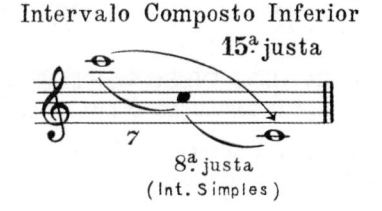

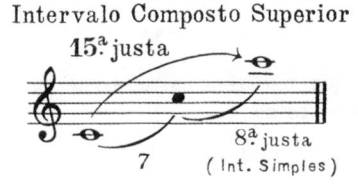

# INTERVALOS MELÓDICOS E HARMÔNICOS

Os intervalos, conforme a disposição de suas notas, podem ser **Melódicos e Harmônicos**.

INTERVALOS MELÓDICOS — aqueles cujas notas são ouvidas sucessivamente.

INTERVALOS HARMÔNICOS — aqueles cujas notas são ouvidas simultâneamente.

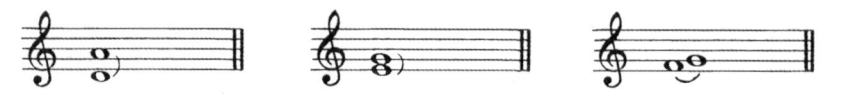

Os Intervalos Harmônicos podem ser ........................ { Consonantes / Dissonantes

INTERVALOS CONSONANTES — os intervalos são consonantes quando não pedem resolução sobre outro intervalo, dando-nos a sensação de repouso.

Os Intervalos Consonantes são os de 3ᵃˢ e 6ᵃˢ maiores e menores, e os de 4ᵃˢ, 5ᵃˢ e 8ᵃˢ justas.

Os Intervalos Consonantes podem ser ........................ { Variáveis / Invariáveis

INTERVALOS VARIÁVEIS — são os de 3ᵃˢ e 6ᵃˢ maiores e menores, porque podem variar de classificação, sem perderem o efeito de Consonantes. Chamam-se também **Imperfeitos**.

3ª maior     3ª menor     6ª maior     6ª menor

INTERVALOS INVARIÁVEIS — são os de 4ᵃˢ, 5ᵃˢ e 8ᵃˢ justas porque se variarem de classificação, se tornam dissonantes. Chamam-se também **Perfeitos**.

4ª justa     5ª justa     8ª justa

INTERVALOS DISSONANTES — São os que não têm caracter de repouso e exigem resolução sobre intervalos consonantes.

Os intervalos dissonantes são 2ᵃˢ e 7ᵃˢ maiores e menores e todos os intervalos aumentados e diminutos.

2ª maior    2ª menor    7ª maior    7ª menor

4ª aumentada    5ª diminuta    7ª diminuta    2ª aumentada

## INTERVALOS DIATÔNICOS E CROMÁTICOS

O intervalo é **Diatônico,** quando as notas que o compõem pertencem ao tom; são formados por notas da escala diatônica.

Dó Maior

O intervalo é **Cromático,** quando é formado por uma ou duas notas alteradas, estranhas ao tom.

Dó Maior

## ANÁLISE COMPLETA DE UM INTERVALO

Analisar um intervalo é classificar toda a sua formação.

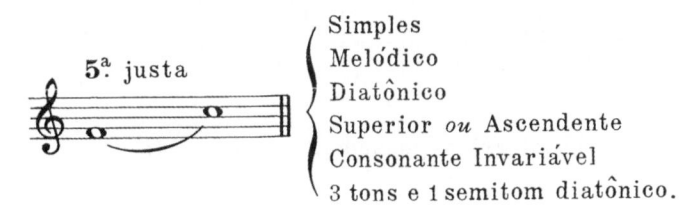

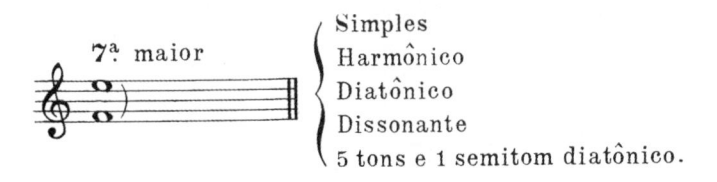

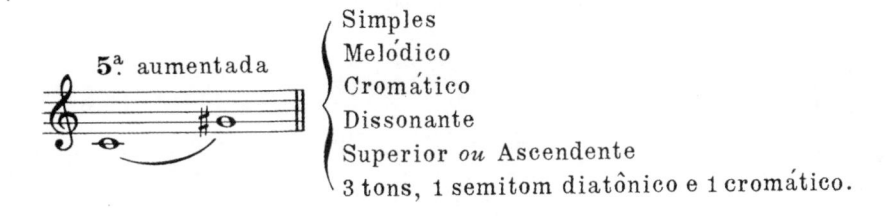

5ª justa
- Simples
- Melódico
- Diatônico
- Superior *ou* Ascendente
- Consonante Invariável
- 3 tons e 1 semitom diatônico.

7ª maior
- Simples
- Harmônico
- Diatônico
- Dissonante
- 5 tons e 1 semitom diatônico.

5ª aumentada
- Simples
- Melódico
- Cromático
- Dissonante
- Superior *ou* Ascendente
- 3 tons, 1 semitom diatônico e 1 cromático.

## QUESTIONÁRIO

1º) Que são intervalos compostos?
2º) Quando o intervalo é Melódico? E quando é Harmônico?
3º) Como podem ser os intervalos harmônicos?
4º) Quais são os intervalos consonantes?
5º) Quais são os intervalos dissonantes?
6º) Porque as 3ªs e 6ªs são intervalos consonantes variáveis?
7º) Quais são os intervalos invariáveis?
8º) Quando o intervalo é diatônico? Quando é cromático?

## DEVERES

*a*) Classificar os seguintes intervalos compostos.

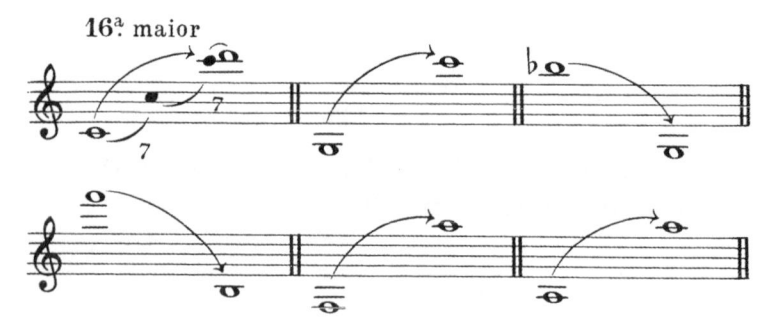

*b*) Indicar e classificar os intervalos consonantes e dissonantes.

*c*) Formar 4 intervalos melódicos, 4 harmônicos e classificá-los.

## Harmônicos

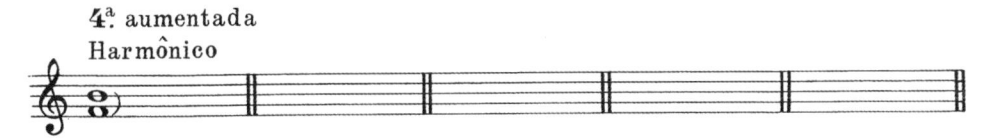

4ª aumentada
Harmônico

d) Classificar e indicar os intervalos consonantes variáveis e invariáveis.

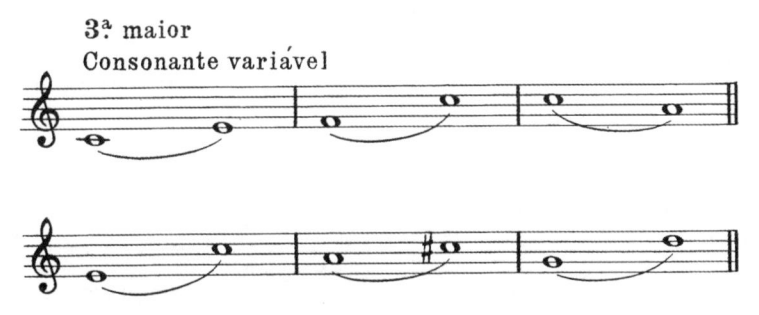

3ª maior
Consonante variável

e) Indicar e classificar os intervalos diatônicos e cromáticos.

7ª diminuta
Cromático

f) Fazer análise completa dos seguintes intervalos.

7ª menor
Simples
Harmônico
Cromático
Dissonante
4 tons e 2 s. d.

## LEITURA MÉTRICA NA CLAVE DE FÁ, 4ª LINHA

**RÉ MAIOR**

238.

**SI MENOR**

239.

**SOLFEJOS**

**FÁ MAIOR**
*Andantino*

240.

**RÉ MENOR**
*Andantino*

241.

**LÁ MAIOR**
*Moderato*

242.

## FÁ# MENOR
**Andantino.**

243.

## MI MENOR
**Allegretto.**

244.

## SOLFEJO ACOMPANHADO

245.

184

# Hino a São João Baptista
## Ut Queant Laxis

Pe. José Maurício Nunes Garcia

São Jo - ão Oh! bem-a-ven-tu-ra-do

São Jo - ão Oh! bem-a-ven-tu-ra-do

São Jo - ão Oh! bem-a-ven-tu-ra-do

São Jo - ão Oh! bem-a-ven-tu-ra-do

8$^{as}$ unissono    #4/2    6    #6    6    6/4    #3

Hino das 1$^{as}$ e 2$^{as}$ Vesperas de S. João Baptista.

Padre José Maurício Nunes Garcia, foi o primeiro nome de compositor brasileiro a figurar no cenário da música do Brasil.

Nasceu no Rio de Janeiro em 22 de Setembro de 1767 e faleceu em 18 de Abril de 1830. Em 1792 recebeu ordens sacras e em 1798 foi nomeado Mestre-de-Capela da Catedral e Sé do Rio de Janeiro.

Compôs inúmeras obras: Hinos, Ladainhas, Salmos, Te Deum, Matinas, Missas, Obras Instrumentais, Músicas de Cena e Obras Teóricas.

Além de excelente organista — com imensa facilidade de improvisação — Padre José Maurício foi também Professor de Música, tendo tido entre seus discípulos Francisco Manuel da Silva — Autor do Hino Nacional Brasileiro

Parte da obra de Pe. José Maurício extraviou-se, porém, grande número está conservado em vários arquivos musicais, como na bibliotéca da Escola de Música da U. F. R. J., na Catedral Metropolitana do Rio de Janeiro, Museu Carlos Gomes da cidade de Campinas, nas Sociedades Musicais de São João Del Rey e no Instituto Histórico Geográfico do Rio de Janeiro.

tar as ma_ra_vi_lhas   as ma_ra_vi_lhas

tar as ma_ra_vi_lhas   as ma_ra_vi_lhas

tar as ma_ra_vi_lhas   as ma_ra_vi_lhas

tar as ma_ra_vi_lhas   as ma_ra_vi_lhas

as__ ma-ra-vi-lhas que o Se-nhor

as ma-ra-vi-lhas que o__ Se-nhor

as__ ma-ra-vi-lhas que o Se-nhor

as__ ma-ra-vi-lhas que o Se-nhor

3    3    #3    4  #3    3

*Nota:* Este hino figura sob o número 43 no "Catálogo Temático das obras do Padre José Maurício Nunes Garcia", de Cleofe Person de Mattos (*Ed. do Conselho Federal de Cultura - M.E.C. - 1970*).